Ingeborg Pilgram-Brückner · Sieben Perlen für die Zukunft

Ingeborg Pilgram-Brückner

Sieben Perlen für die Zukunft

Eine Geschichte, die den Kindern unserer Zeit Hoffnung geben will.

Mit Bildern von Marie-Laure Viriot

J. Ch. Mellinger Verlag Stuttgart

Einbandgestaltung von Marie-Laure Viriot

2. Auflage 1996
ISBN 3-88069-300-5

Druck: Hohenloher Druck- und Verlagshaus, Gerabronn

Inhalt

Eine kranke Zukunft?

Kathrin saß über ihrem Schulheft und kaute an ihrem Füller. „Meine Ferien“, so hieß das Thema, über das sie einen Aufsatz schreiben sollte. Huch, das war schwer! Zu viel hatte sie doch in den Ferien erlebt. Das konnte man gar nicht alles aufschreiben. Verärgert schob Kathrin die Haarfransen zurück, die ihr immer wieder ins Gesicht fielen. Sie kam jetzt in die vierte Klasse. Aufsatz-Schreiben, das mochte sie eigentlich recht gern. Aber wenn sie vor dem Heft saß, dann liefen ihr immer die Gedanken davon. Sie kam ins Träumen. Dadurch dauerte das mit den Schulaufgaben immer furchtbar lange. Auch der Aufsatz wurde und wurde nicht fertig, so lange nicht, bis Mutter kam und ein Machtwort sprach. Dann ging's auf einmal.

Tobias, Kathrins zwei Jahre älterer Bruder, war da ganz anders. Er setzte sich hin und machte seine Schulaufgaben in einem Zug weg. Dann hatte er frei. Kathrin beneidete ihn. Er träumte auch nicht so viel wie Kathrin. Dafür bastelte er mehr. Und trotzdem, hatte Tobias nicht in den Ferien all die Reisen ins Reich der Gedanken auch mitgemacht? Oder waren es doch nur Kathrins eigene Traumreisen gewesen? Hatte sie den Bruder nur in Gedanken mitgenommen? Kathrin war das nicht so ganz klar. Tobias jedenfalls interessierte sich kaum mehr für diese Reisen ins Reich der Gedanken. Ja, daß sie damals über Umweltprobleme und über die Zukunft gesprochen hatten, das gab er zu. Deshalb war er ja jetzt auch in so einer Umweltgruppe vom Naturschutzbund. Da machte er begeistert mit. Aber die Anregung dazu, die hatte ihm doch Pit, der junge Lehrer, gegeben. Und das war in den Ferien gewesen.

Tobias streckte seine Nase herein und grinste: „Mußt wohl wieder einen Aufsatz schreiben, Kleine?“

„Du, mach die Tür' zu und verschwinde!“, rief Kathrin. Dann setzte sie sich wieder hin und überlegte. Wie hatte das eigentlich angefangen, das mit der Eule und den sieben Perlen für die Zukunft? Ja, von der Zukunft hatten sie gesprochen, von der kranken Zukunft. Aber das war nicht erst in den Ferien gewesen, sondern noch hier zuhause...

Anlaß war wohl Mutters Besuch bei der Nachbarin, Frau Grainer. Die hatte gerade einen Jungen geboren, den kleinen Daniel. Er war gesund und munter, wie Mutter erzählte. Dennoch hörte Kathrin die Eltern so seltsam miteinander tuscheln: „Ob der kleine Daniel wohl noch eine gesunde Zukunft hat? Wir möchten's wünschen.“

Kathrin wunderte sich. Wieso sollte der Daniel eine kranke Zukunft haben,

wenn er doch gesund war? Das wollte Kathrin nun wissen. Sie fragte die Mutter. Die druckste herum: „Ach, was du da gehört hast! Das haben wir nicht so gemeint. Wir wünschen dem Kleinen halt eine gesunde Zukunft."
Aber Kathrin hatte damals schon das Gefühl, daß da noch etwas anderes dahinterstecken könnte. Sie erzählte es dem älteren Bruder. Tobias nickte überlegen. „Weißt du, die Erwachsenen haben ein schlechtes Gewissen", erklärte er. „Das ist wegen der Umwelt, die sie vergiften. Und dann haben sie Angst, daß ihre Kinder keine gesunde Zukunft mehr haben. So ist das. Und das trifft uns genauso wie den kleinen Daniel."
Am Abend sprachen sie den Vater daraufhin an. Doch der winkte ab: „Da macht euch keine Sorgen, das bekommen wir schon in den Griff. Ihr seid noch so jung. Wenn ihr fleißig lernt in der Schule, dann habt ihr auch eine gesunde Zukunft vor euch."
Damit war das Thema für die Eltern abgehakt. Aber in Kathrin bohrte es weiter und – so glaubte sie – in Tobias auch. Erst die Ferienzeit brachte eine Lösung, eine Erlösung auf wundersame und zugleich spannende Weise. Wie war das gleich gewesen? Kathrin träumte zum Fenster hinaus.
Plötzlich versank alles um sie herum: das Heft, in das sie den Aufsatz über die Ferien schreiben sollte, der Schreibtisch, der Stuhl, auf dem sie saß, ja das ganze Zimmer. Andere Bilder tauchten vor ihr auf, Bilder der Erinnerung. Und sie durchlebte die ganze Ferienzeit noch einmal.
Ja, so hatte es damals begonnen...

Die Eule Schuschuhu

Die Ferienzeit war herbeigekommen. Und wieder wollte die Familie Urlaub auf dem Bauernhof machen, den sie schon seit vielen Jahren kannte. Kathrin und Tobias freuten sich darauf. Besonders ins Herz geschlossen hatten sie die Großmutter des Hofes. Sie erzählte so schöne Geschichten und nahm sich Zeit für die Kinder.
Auch auf Felix, den Neffen des Bauern, freuten sich Kathrin und Tobias. Er konnte gut Traktor fahren. Und lustig war er auch. Für ihn gab es immer etwas zu lachen.
Als die Stadtfamilie auf dem Bauernhof angekommen war, amüsierte sich Felix gerade wieder über irgend etwas. „Was ist denn los?“ fragte Tobias und mußte auch mitlachen, ohne zu wissen, warum.
„Großmutter sieht Gespenster“, kicherte Felix, „in der alten Scheune soll es spuken, behauptet sie.“
Die Großmutter schüttelte den Kopf: „Von spuken hab’ ich nichts gesagt. Ich weiß nur, daß die Eule, die dort haust, eine verzauberte Fee ist.“
Felix breitete die Arme aus, bewegte sie wie Flügel auf und ab und flüsterte: „Des nachts aber schwebt Großmutters Fee lautlos über die Felder und... ja, was tut sie da?... Sie fängt Mäuse..“
Diesesmal mußte sogar der Bauer lachen. „Wie das Schleiereulen so an sich haben“, bemerkte er.
Doch Großmutter ließ sich nicht drausbringen: „Und trotzdem ist Schuschuhu eine verzauberte Fee. Aber davon wollt ihr ja nichts wissen...“
Kathrin, die mit Spannung zugehört hatte, ging auf Großmutter zu und fragte leise: „Erzählst du uns noch mehr von der verzauberten Eule?“
Großmutter nickte: „Später vielleicht...“
Felix jedoch spottete weiter: „Kathrin, Tobias, ich warne euch. Bleibt ja weg von der alten Scheune, sonst werdet ihr verzaubert wie die Eule, sonst werdet ihr zwei kleine Schleiereulen!“
Jetzt war es der Bäuerin zu viel. „Mach doch den Kindern nicht angst“, rief sie dem Neffen zu, „zeigt’ ihnen lieber unsere jungen Ferkel oder nimm die Bleichschnäbel mit hinaus aufs Feld.“
Daraufhin wurde auf dem Bauernhof über die verzauberte Eule nicht mehr gesprochen. Aber in den folgenden Tagen klopfte Kathrin immer wieder bei Großmutter an. Doch die hüllte sich in geheimnisvolles Schweigen.
Dann gab es einen Regentag. Felix war mit dem Bauern zur Stadt gefahren, die

Bäuerin saß an der Nähmaschine und Großmutter bügelte. Auch die Eltern waren beschäftigt. Sie hatten für diesen Tag schon seit langem eine Fahrt in die weitere Umgebung geplant und wollten trotz des Regens nicht darauf verzichten. So waren die beiden Ferienkinder sich selbst überlassen.
„Jetzt soll uns Großmutter von der Eule erzählen“, meinte Kathrin. Tobias winkte ab: „Nein, ich hab’ eine bessere Idee. Wir suchen selbst nach der verzauberten Eule.“
Kathrin machte ein erschrockenes Gesicht: „Du meinst, wir sollen hinüber zur alten Scheune?“
„Ja, das meine ich.“
„Aber wenn da…, wenn da doch was dran ist mit dem Verzaubern?“
Tobias lachte überlegen und beruhigte die kleine Schwester: „Was soll da schon passieren am hell-lichten Tag. Komm, wir durchstöbern die Scheune. Da ist es jedenfalls trocken.“

Das Geheimnis der alten Scheune

Kathrin und Tobias zogen ihre Boots an und schlichen sich aus dem Haus. Die alte Scheune lag etwas abseits vom Bauernhof mitten in der Wiese. Der Himmel war verhangen. Es nieselte leise vor sich hin. Ein feuchter Schleier zog sich langsam über die Landschaft und gab ihr ein unwirkliches, fast gespenstisches Aussehen.
Jetzt hatte auch Kathrin die Neugier gepackt. Mutig ging sie auf die Scheune zu, obwohl ihr das Herz bis zum Halse klopfte. Tobias schob den Riegel vom Scheunentor zurück und öffnete es. Da knarzte das alte Tor in allen Fugen.
Zaghaft und vorsichtig wagten sich die Kinder in das Halbdunkel der Scheune. Plötzlich raschelte es. Kathrin zuckte zurück. „Ach was, das sind doch bloß Mäuse", lachte Tobias. „Was, Mäuse?" schrie Kathrin und war mit einem Satz wieder draußen. Als aber Tobias weiter in die Scheune hineinging, folgte sie ihm doch neugierig nach.
Die Kinder suchten die Wände, die Balken ab und schauten in alle Ecken, aber nirgends war eine Eule zu sehen. Über eine Leiter kletterten sie auf den Scheunenboden. Er lag noch voll Heu vom Vorjahr. Da plötzlich blitzte es draußen, und bald schon war auch ein ferner Donner zu hören. Ängstlich sagte Kathrin: „Ein Gewitter, komm, wir rennen heim!"
„Nein", entgegnete Tobias, „das Gewitter ist weit weg. Ich hab' gezählt. Es hat lange gedauert, bis es nach dem Blitzen gedonnert hat."
Dann aber goß es auf einmal wie mit Kübeln. Nun wollten die Kinder erst recht im Trockenen bleiben. Sie legten sich ins Heu und warteten das Gewitter ab.
Und wie sie so lagen und vor sich hinsannen, da schwebte auf einmal ein Gedanke durch den Raum. Er begann sich in den Köpfen der Kinder einzunisten. Es war wieder der Gedanke um die kranke, um die verlorene Zukunft. Dieser Gedanke war damals zuhause von den Eltern verharmlost, von Kathrin und Tobias aber im Trubel der Ferienzeit verdrängt worden. Kathrin hatte ihn nun als erste aufgefangen.
„Ich muß immer an den kleinen Daniel denken", sagte sie, „ob er wohl auch noch durch Wiesen und Wälder toben kann, wenn er so alt ist wie wir, oder ob es bis dahin keine Wälder mehr gibt? Weißt du, wenn die Zukunft von Daniel so krank ist wie Mutti sagt, dann... dann..."
„Dann ist auch unsere Zukunft krank", ergänzte Tobias, „so viel älter als Daniel sind wir ja auch nicht."
„Und? Was hältst du davon? Meinst du, wir können das vergessen, einfach so wegstecken, wie Vati es gern möchte?"

Tobias schüttelte den Kopf: „Nein, das können wir nicht, meine ich. Mir geht das Gespräch der Eltern auch immer wieder durch dem Kopf. Und ich finde es von den Erwachsenen zu bequem, dieses Problem einfach wegzuschieben."
„Könnten wir Kinder nicht etwas tun?" fragte Kathrin den großen Bruder, „es ist doch unsere Zukunft, die krank ist."
„Pah", machte Tobias, „wer hört schon auf uns? Was können wir ausrichten?... Gar nichts!"
Da plötzlich erhellte ein greller Blitz die Scheune. Es war so hell, daß die Kinder für einen Moment geblendet wurden und nichts mehr sehen konnten. Kurz darauf ließ ein gewaltiger Donnerschlag die Balken erzittern.
Kathrin tastete erschreckt zum Bruder hinüber. „Tobi, wo bist du?" schrie sie, „Tobias, es hat eingeschlagen!"
Dann war alles vorbei. Als die Kinder wieder klar sehen konnten, stellten sie fest, daß die Scheune noch stand, unversehrt. Der Blitz mußte ganz in der Nähe niedergegangen sein. Es war also nichts passiert.
Und trotzdem hatte sich in der Scheune etwas verändert. Das spürten die Kinder. Eine seltsame, geheimnisvolle Atmosphäre machte sich breit. Kathrin und Tobias richteten sich auf und schauten sich um.
Und da, ja, da sahen sie auf einmal die Eule. Sie hockte auf einem Balken in der Ecke und war etwa so groß wie Kathrins ausgestreckter Arm. Um die Augen, die sie immer wieder vorsichtig auf und zu machte, trug die Eule einen weißen Federkranz. Das sah lustig aus.
Kathrin stupste den Bruder: „Da guck mal, Schuschuhu, Großmutters verzauberte Eule."
Ja, und dann geschah etwas, das die Kinder nie erwartet hätten: Die Eule hob kurz ihre wie alte Baumrinden gesprenkelten Flügel und klappte sie wieder zusammen. Dann plötzlich, dann begann sie sogar zu sprechen. Mit einer krächzenden, aber doch deutlich verständlichen Stimme sprach sie die Kinder an: „Ja, ich bin Schuschuhu, die Eule."
Kathrin und Tobias hielten den Atem an. Die Eule aber sprach weiter:
„Ich bin zu euch gekommen, weil euer Problem auch mich betrifft. Auch ich fürchte mich vor einer Zukunft, die krank ist. Es muß etwas dagegen geschehen."
Kathrin und Tobias rührten sich nicht vom Fleck. Eine sprechende Eule, daß es so etwas wirklich gab? Sollte sie doch verzaubert sein, wie Großmutter behauptet hatte? Das wäre ja...
„Na, hat es euch die Sprache verschlagen", meldete sich die Eule wieder, „wir Tiere können auch sprechen, nur verstehen das die Menschen zumeist nicht.

Aber manchmal, manchmal liegt doch ein Zauber des Verstehens zwischen Mensch und Tier. Und das ist gut so."
„Bist du eine verzauberte Fee?" fragte Kathrin zaghaft.
Die Eule klappte wieder ihre großen Flügel auf und zu. Dann sagte sie leise: „Ach, weißt du, wir alle sind verzauberte Lichtwesen, die der große Schöpfer in diese Welt hineingeschickt hat. Und jeden von uns hat er in eine andere Gestalt hineingegeben. Wir haben da wohl so unsere Aufgaben. Das ist das Geheimnis, das ist der Zauber des Lebens."
Schuschuhu räusperte sich und erklärte nicht ohne Stolz: „So gesehen bin ich vielleicht doch eine verzauberte Fee."
Kathrin dachte an die vielen Märchen, die sie gelesen hatte und fragte mutig: „Bist du zu uns gekommen, damit wir dich erlösen sollen? Was müssen wir tun?"
Die verzauberte Eule seufzte leise: „Mit eurer Liebe könnt ihr Menschen uns Tiere tatsächlich erlösen. Wir brauchen eure Liebe, wir brauchen euer Verständnis. Wenn wir das hätten, könnten wir glücklich leben, auch wenn wir uns dann nicht in Feen oder Prinzen verwandeln wie in euren Märchen."
Und wieder seufzte Schuschuhu. Jetzt machte sie ihre großen Augen auf und schaute Tobias fragend an: „Und du? Sprichst du gar nicht mit mir? Bist du in deinen Gedanken immer noch nicht fertig mit dem Geheimnis der alten Scheune und unserer Begegnung?"
„Doch, doch", stotterte Tobias. Tatsächlich hatte er es viel schwerer als die kleine Schwester, dieses wundersame Geschehen zu begreifen.
Und weiter sprach die Eule Schuschuhu die Kinder an: „Ihr bangt um eure Zukunft. Ihr fürchtet, daß sie krank ist. Besucht sie doch einmal, eure Zukunft. Fragt sie doch selbst, was ihr für sie tun könnt. Macht der Zukunft einen Besuch. Das wird sehr aufschlußreich für euch sein. Ich helfe euch dabei."
Jetzt war es Tobias, den das Interesse packte. „In die Zukunft reisen", rief er, „das wäre ja phantastisch! Einmal sehen, was später ist, wie die Welt in hundert Jahren aussieht! Prima, das machen wir!"
„Nein, nein, nein", krächzte die Eule so laut, daß die Kinder erschraken, „nein, so habe ich das nicht gemeint! Ihr sollt keine Reisen in die Zukunft machen. Das löst euer Problem nicht. Ihr sollt die Zukunft besuchen, besser gesagt, die Seele der Zukunft. Sie gehört auch zu den Lichtwesen. Ihr werdet sie sehen. Sie ist noch sehr jung, noch sehr zart und empfindlich und ach, so abhängig von den Menschen. Wenn ihr für die Seele der Zukunft Verständnis habt, dann kann sie zur Schönheit erblühen und euch Freude schenken. Dann wird sie auch nicht krank. Wollt ihr die Zukunft besuchen?"
„Ja", riefen die Kinder wie aus einem Munde.

„Und wie? Wie soll das geschehen?“ fragte Tobias weiter.
„Das erkläre ich euch morgen“, sagte die Eule, „zuvor aber müßt ihr mir versprechen, keinem Menschen von unserer Begegnung auch nur ein Wort zu sagen. Auch eure Reise zur Zukunft muß ein Geheimnis bleiben. Erst wenn ich es freigebe, dürft ihr es weitererzählen. Ist das klar?“
Die Kinder nickten.
„Und ich kann mich auf euch verlassen?“
„Ja, bestimmt“, versprach Tobias, „großes Ehrenwort!“
„Wir werden ganz bestimmt nichts weitererzählen“, ergänzte Kathrin.
„Gut“, sagte die Eule, „dann kann ich euch zu einigen wundersamen Reisen verhelfen. Doch nun geht nach Hause, der Regen hat aufgehört. Ich erwarte euch morgen zur selben Zeit. Dann werde ich euch sagen, wie ihr die Zukunft besuchen könnt. Nun geht und laßt mich schlafen“.
Schuschuhu schloß die Augen unter dem weißen Federschleier und gähnte. Kathrin und Tobias stiegen die Leiter hinunter. Schweigend verließen sie die alte Scheune. Erst auf dem Heimweg fragten sie sich – beide zögernd – ob sie das wohl alles geträumt hatten. Aber beide dasselbe?
„Und wenn wir doch mit Großmutter darüber sprechen“, meinte Kathrin, „nur mit Großmutter, weil die doch auch die Eule Schuschuhu kennt.“
„Nein“, bestimmte Tobias, „wir haben versprochen, mit niemandem darüber zu reden. Das gilt auch für die Großmutter“.

Eine Reise mit den Gedankenpferdchen

Auch am nächsten Tag regnete es noch. „Komm, wir gehen hinüber zur alten Scheune", flüsterte Tobias seiner Schwester zu. Und ohne den anderen vom Hof etwas zu sagen, zogen die beiden ab.

Schuschuhu erwartete die Kinder bereits. Sie saß aufgeplustert in ihrer Ecke und klimperte mit den von dem weißen Schleierring umgebenen Augen. Flugs kletterten Kathrin und Tobias auf den Dachboden hinauf.

„Setzt euch ins Heu", sagte die Eule, „habt ihr auch niemandem etwas verraten?"

„Nein, haben wir nicht, großes Ehrenwort", erklärte Tobias.

„Das ist gut so", schnarrte die Eule, „dann kann ich euch wohl weiter vertrauen". Den Kinder war es, als ob sie lächelte.

„Dürfen wir nun die kranke Zukunft besuchen. Du hast es uns doch gestern versprochen?" fragte Kathrin.

„Ja, das dürft ihr."

„Und wie? Wie soll das vor sich gehen?" wollte Tobias wissen. Schuschuhu plusterte sich weiter auf und seufzte: „Schuhu, schuhu, wie soll ich euch das erklären? Das ist gar keine so einfache Sache. Verreisen sollt ihr zwar, aber nur mit euren Gedanken."

„Mit unseren Gedanken?" wunderte sich Tobias, „wie soll das wohl zugehen, eine solche Reise?"

Kathrin ließ sich flach ins Heu fallen und meinte: „Das heißt wohl, wir sollen bloß vor uns hinträumen?"

„Ja und nein", erklärte die Eule, „das mit dem Träumen trifft die Sache nicht ganz. Ihr sollt denken, nachdenken. Ihr sollt nicht im Traum, sondern mit den Gedanken reisen".

„Das versteh' ich nicht", gestand Tobias.

Schuschuhu schloß die Augen: „Seid mal beide still und laßt mich überlegen, wie ich euch helfen kann."

Es dauerte eine geraume Weile. Die Kinder meinten schon, die Eule sei eingeschlafen, da plötzlich flatterte sie wild mit ihren Flügeln und rief: „Ich hab's, ich hab's. Es gibt doch das geflügelte Pferd, den Pegasus. Der kann euch mit euren Gedanken hinbringen, wohin ihr nur wollt, auch zur kranken Zukunft."

„Pegasus? Von dem fliegenden Wunderpferd hab' ich schon gehört", lachte Tobias, „aber wir haben keinen Pegasus".

„Jeder Mensch hat einen kleinen Pegasus", unterbrach ihn die Eule, „jedem Menschen stehen Gedankenpferdchen zur Verfügung". Und wie zu sich selbst: „Er

muß nur daran glauben.“ Dann wandte sie sich wieder den Kindern zu: „Nun paßt mal gut auf. Ich schenk euch einen geheimnisvollen Zauberspruch. Wenn ihr den auswendig lernt, könnt ihr mit euren Gedankenpferdchen überall umeinanderreisen.“
Schuschuhu plusterte sich wieder auf und krächzte: „So hört auf meinen Zauberspruch!“ Dann sprach sie weiter mit seltsamer Stimme:

„All die Gedanken,
die um mich so ranken,
sind Pferdchen mit Flügeln.
Ich kann sie mir zügeln.
Ich lasse sie kreisen
und lasse sie reisen
hinauf zu den Sternen,
in zaub’rische Fernen.
Sie bringen, welch Glück,
mich heil stets zurück.“

„Und diesen Spruch sollen wir auswendig lernen?“ fragte Kathrin. „Ja, das sollt ihr“, sagte die Eule. Und leise fügte sie hinzu: „Wohl dem, der seine Gedanken am Zügel hält.“ Noch einige Male sagte Schuschuhu den Zauberspruch auf, bis die Kinder ihn auswendig konnten.
„Und nun?“ fragte Tobias, „wann wirkt der Zauberspruch?“
„Wenn ihr ihn nicht runterplappert wie jetzt, sondern ihn ernsthaft aufsagt und dabei auch über ihn nachdenkt. Und wenn ihr ein klares Ziel vor Augen habt“, erklärte Schuschuhu, dann flog sie davon. Die Kinder konnten sie nicht mehr ausfindig machen. Sie saß wohl in irgend einer anderen Ecke im Gebälk des Scheunendaches.
Kathrin und Tobias schauten sich verdutzt an. Was nun? Warum ließ Schuschuhu sie jetzt im Stich? Das alles war so verwirrend. Kathrin fing sich als erste wieder: „Vielleicht sollen wir den Zauberspruch gleich mal ausprobieren“, meinte sie.
Mutig ging sie zu der Ecke hinüber, von wo die Eule so überraschend verschwunden war. Noch zögerte Kathrin ein wenig. Sollte sie den Zauberspruch leise sprechen, sollte sie ihn laut hinausrufen? – Halt! Sie mußte ja ein Ziel haben. Das Ziel, das war die kranke Zukunft. Kathrin raffte sich auf. Dann sagte sie feierlich:

„All die Gedanken,
die um mich so ranken,
sind Pferdchen mit Flügeln.
Ich kann sie mir zügeln.
Ich lasse sie kreisen
und lasse sie reisen
hinauf zu den Sternen,
in zaub'rische Fernen.
Sie bringen, welch Glück,
mich heil stets zurück."

Langsam durchzog ein blauer Nebelschleier die Scheune. Er kam aber nicht von draußen. Ganz eigenartig war das. Die alte Scheune hatte jetzt keine Wände, kein Dach mehr. Und dann, ... dann waren sie auf einmal da: zwei kleine weiße Pferdchen. Aus den Lenden wuchsen ihnen zwei Flügel heraus, mit denen sie nun ungeduldig durch die Luft schlugen.
„Steigt auf", riefen sie den Kindern zu.
Während Tobias noch überlegte, saß Kathrin schon auf einem der Pferdchen.
„Was ist, Tobi, willst du nicht mitkommen?" rief sie dem Bruder zu.
„Das sind doch deine Gedankenpferdchen", erklärte Tobias. Kathrin war anderer Meinung: „Ach was, das sind unsere Gedankenpferdchen, für jeden eines. Wir wollen doch gemeinsam zur kranken Zukunft. Das nächstemal kannst ja du den Zauberspruch sagen. Das nächstemal kannst ja du das Ziel bestimmen."
Da schwang sich Tobias auf das andere Gedankenpferdchen.
„Wohin soll die Reise gehen?" fragte Kathrins kleiner Pegasus.
„Zur kranken Zukunft, hü!" rief Kathrin.
Die Gedankenpferdchen schüttelten die Mähnen. Dann hoben sie ihre Flügel und flogen durch den blauen Nebel.
Weit dehnte sich dieser seltsame Nebel aus. Später wurde es etwas lichter. Doch sehen konnten die Kinder nichts, keine Häuser, keine Wälder, keine Berge, keine Flüsse oder Seen. „Wir müssen schon ziemlich hoch sein", meinte Tobias.
„Hoch und tief zugleich", wieherte sein Pferdchen.
Da plötzlich zerriß der blaue Nebelschleier und vor den Augen der Kinder tauchte eine wunderschöne Landschaft auf: grüne Wiesen, dunkle Wälder und ein großer See. An diesem See aber, auf einem schroffen Felsen, stand, nein, schwebte ein Schloß. Es schien nicht fest zu sein. Wie verdichteter Nebel, wie dünnes Eis oder Glas lag es über dem Felsen, wundersam anzuschauen.

„Das ist das Schloß der Zukunft“, sagte eines der Gedankenpferdchen. „Ach, wenn sie nur nicht so krank wäre“.
„Warum schwebt denn das Schloß über dem Felsen? Warum steht es nicht fest?“ wollte Tobias wissen.
„Weil die Zukunft auch noch nicht fest steht“, erklärte sein Pferdchen, „aber langsam, mit der Zeit wird das Schloß auf dem Felsen festen Grund finden.“
Auch Kathrin hatte noch eine Frage an ihr Pferdchen: „Wohnt denn die Zukunft allein in dem großen Schloß?“
Ihr Pferdchen schüttelte den Kopf: „Nein, die Nornen der Vergangenheit sind bei ihr. Sie erzählen ihr immer wieder von vergangenen Zeiten. Die Nornen der Vergangenheit pflegen die kranke Zukunft.“
Vorsichtig ließen sich die Gedankenpferdchen auf einem Felsvorsprung nieder. „Steigt ab und geht ins Schloß. Man erwartet euch schon“, wieherten sie.

Das Schloß der Zukunft

Kathrin und Tobias mußten über einige Felsklippen steigen, bis sie auf das Plateau kamen, auf dem das Schloß der Zukunft lag. Zart und gebrechlich leuchtete es im Sonnenlicht. Die gläsernen Wände waren durchsichtig und gaben den Blick frei in einen blauweiß schimmernden Saal.
„Sollen wir hineingehen?“ fragte Kathrin.
Tobias nickte: „Los, komm!“
Doch kaum waren sie durch die gläserne Pforte gegangen, da kam ihnen ein durchsichtiger Wicht entgegen. Mit ernster Miene sagte er: „Pst, seid stille! Die Nornen der Vergangenheit wollen der jungen Zukunft ein Lied singen.“
Vorsichtig, auf Zehenspitzen, betraten Kathrin und Tobias den Saal. Da standen alte Frauen im Kreis beisammen. Waren das die Nornen der Vergangenheit? – Eine leise Musik schwebte heran. Auf einmal begannen die Nornen zu singen. Ihre dunklen Stimmen hallten gewaltig durch den gläsernen Raum. Es war ein seltsames Lied, mit dessen geheimnisvollen Worten die Nornen der Vergangenheit der jungen Zukunft ihre Ratschläge mit auf den Weg geben wollten:

„Ein Quentlein Verstand aus dem Lehrstoff Geschichte.
Vergiß die Musik nicht und nicht die Gedichte!
Mit Weisheit und Kraft aus vergangenen Zeiten
ersetze durch Liebe das nutzlose Streiten.
Laß Träumen die Menschen von goldenen Tagen,
laß friedvoll sie streben, laß nie sie verzagen.
Und schenk’ ihnen Freude und Hoffnung, Vertrauen.
Hilf, daß sie den Sinn ihres Lebens erschauen.
Dann kehre zurück zum vergangenen Alten.
Was lebt und was strebt, es ist nicht mehr zu halten.“

Langsam verschwanden die Nornen in den Tiefen gläserner Nischen. Nur eine der Alten war übrig geblieben. Sie saß, das wurde jetzt erst deutlich, am Fußende eines Bettes. Wer lag darin?
Kathrin und Tobias gingen auf das Bett und auf die Alte zu. Was sie dort aber sahen, erschreckte sie zutiefst. In dem Bett lag ein wunderschönes junges Mädchen. Sein Gesicht war bleich und um den Hals hatte es eine tiefe, blutende Wunde. Die Augen hielt es geschlossen, aber der leise Atem des Mädchens war zu spüren. Es lebte also noch.
„Wer ist das? Was fehlt ihr? Was hat man ihr getan?“ entsetzte sich Kathrin und

zeigte auf die blutende Wunde.
„Das ist die Zukunft, die kranke Zukunft", antwortete die Alte, „ach, die bösen Habsuchtszwerge haben ihr die Schicksalskette vom Hals gerissen. Jeder wollte eine der kostbaren Perlen besitzen. Dabei haben sie die arme Zukunft so zugerichtet aus lauter Habgier."
„Das sieht schlimm aus", meinte Tobias, „man muß einen Arzt rufen."
Die Alte schüttelte den Kopf: „Da kann kein Arzt helfen."
„Muß sie sterben?" fragte Kathrin.
„Nein", sagte die Alte, „die Zukunft kann gerettet werden. Es gibt einen Weg."
Sie sann vor sich hin, dann sah sie die Kinder ernst an: „Ja, sie kann gerettet werden, aber nur von Kindern. Wir hoffen auf die Kinder dieser Welt."
Tobias betrachtete die Alte kritisch: „Und wer bist du?"
Die Alte lächelte: „Eigentlich solltest du mich kennen. Aber ach, die Menschen von heute halten nicht mehr viel von mir. Ich bin die Vergangenheit."
„Hm", meinte Tobias, „in der Vergangenheit sind wohl viele Fehler gemacht worden."
„Das weiß ich", sagte die Alte, „daraus könntet ihr Menschen manches lernen. Aber in der Vergangenheit steckt auch viel Gutes, das euch behilflich sein kann. Deshalb sitze ich hier am Bett der kranken Zukunft und spende ihr Kraft aus vergangenem Wissen."
Die Alte träufelte aus einer Flasche eine stark duftenden Flüssigkeit auf einen Löffel und flößte sie dem kranken Mädchen vorsichtig ein. Für einen Moment schlug die kranke Zukunft die Augen auf, große blaue Augen. Sie strahlten, als ob in ihnen der ganze Himmel läge.
„Ist die schön", sagte Kathrin. Dann fragte sie: „Wie sollen wir Kinder der kranken Zukunft helfen? Du hast doch gesagt, wir könnten das..."
Die Vergangenheit nickte erfreut: „O ja, ihr könntet helfen, ihr könntet helfen."
„Und wie?" Jetzt war es Tobias, der das wissen wollte. „Wie, ja wie", seufzte die Vergangenheit, „das wird nicht ganz einfach sein. Wenn ihr es wirklich wollt, dann liegen schwere Wege vor euch, und manchmal kann es auch gefährlich werden. Wollt ihr es trotzdem wagen?"
Tobias schaute das verwundete Mädchen an, dann sagte er leise: „Deshalb sind wir doch hierher gekommen."
Kathrin ergriff die Hand des Bruders: „Ja, wir müssen der Zukunft helfen."
Inzwischen war die Alte aufgestanden. Unruhig ging sie am Bett auf und ab. Schließlich blieb sie vor den Kindern stehen und sagte: „So schwer es mir fällt, ich muß euch zu den Habsuchtszwergen schicken. Sie haben der Zukunft die Schicksalskette mit den sieben Perlen vom Hals gerissen, sie haben die kostbaren

Perlen geraubt und irgendwo versteckt. Erst wenn die Zukunft wieder eine Schicksalskette hat, wenn sie die sieben Perlen wieder zurück hat, kann sie gesund werden. Die Kette ist zerrissen. Die Perlen haben die Habsuchtszwerge versteckt. Jede an einem anderen Platz. Geht und sucht die geraubten Perlen."
Die Kinder machten etwas hilflose Gesichter. „Aber wo, wo sollen wir suchen?" fragte Tobias.
„Im Traumreich der Gegenwart", antwortete die Alte, „die Gegenwart hat die Habsuchtszwerge bei sich aufgenommen, leider."
„Und wo ist das Reich der Gegenwart?"
„Bei euch auf der Erde. Aber darüber werdet ihr später noch mehr erfahren. Die Habsuchtszwerge leben und wirken zwar bei euch. Sie wohnen jedoch im Traumreich der Gegenwart, hier bei uns im Reich der Gedanken. Und in diesem unendlich großen Reich der Gedanken haben sie auch die Perlen versteckt. Wo, das weiß ich auch nicht so genau. Vielleicht in ihrer dunklen Burg? Vielleicht in ihrem finsteren Wald? Kommt mit, ich zeige euch, wo ihr suchen könnt."
Die Alte nahm die Kinder bei den Händen und führte sie zum Schloß hinaus. Ein scharfer Wind wehte auf dem Felsplateau, und finstere Wolken zogen über die feingliedrigen gläsernen Türme des Schlosses hinweg.
„Hier drunten", die Vergangenheit zeigte auf einen weiten dunklen Wald, „hier drunten hausen die Habsuchtszwerge". Kathrin schaute auf den steilen Felsabstieg und meinte erschrocken: „Und da sollen wir hinunterklettern?"
Jetzt mußte die Alte wieder lächeln: „Aber nein, das sollt ihr nicht, ihr habt doch eure Gedankenpferdchen."
Da hörten die Kinder auf einmal ein leises Wiehern. Und schon standen sie vor ihnen, die Gedankenpferdchen mit ihren weißen Flügeln.
„Sitzt auf", sagte die Alte, „und laßt euch ins Tal tragen. Dann durchstreift den Wald. Und wenn ihr eine Perle gefunden habt, bringt sie bitte zurück. Schon eine einzige Perle schafft der kranken Zukunft Linderung."
Dann seufzte die Alte wieder tief: „Ach, es werden Gefahren auf euch lauern. Ihr habt Prüfungen zu bestehen. Paßt gut auf euch auf."
Kathrin und Tobias bestiegen ihre Gedankenpferdchen. Die schlugen mit den Flügeln und flogen auf.
„Laßt euch nicht von den Habsuchtszwergen gefangennehmen", rief ihnen die Alte, die Vergangenheit, noch nach, „macht's gut, ihr Kinder, eure Engel mögen euch beschützen."

Bei den Wurzelwichten

Die Gedankenpferdchen flogen ins Tal hinab und landeten auf einer Wiese vor dem Wald, den die Kinder von oben gesehen hatten. Kathrin und Tobias stiegen ab. Etwas seltsam war ihnen schon zumute. Was nun? Wo sollten sie die Perlen suchen? Im Gras? Unter den Bäumen? Der Wald war ja so groß und weit. Wo anfangen?
Tobias faßte einen Entschluß: „Laß uns zum Wald hinüber gehen."
Kathrin war einverstanden. Bis zum Waldrand trabten die Gedankenpferdchen hinterher. Dann gingen die Kinder allein weiter, in den Wald hinein.
Plötzlich raschelte es im Gezweig. Kathrin und Tobias blieben erschrocken stehen. Jetzt sahen sie drei Zwerge auf sich zukommen. Ihr Gewand schimmerte grün und braun, so daß man sie kaum von den Bäumen und Sträuchern unterscheiden konnte.
„Halt, nicht weitergehen", riefen die Zwerge. Sie breiteten die Arme aus zu einer Sperre, und es war, als ob ihnen die Zweige der umstehenden Bäume dabei behilflich wären.
Kathrin faßte die Hand des Bruders: „Die Habsuchtszwerge! Tobi, laß uns fliehen?"
„Nein", riefen die Zwerge, „nein, nein, flieht nicht. Wir sind keine Habsuchtszwerge. Das Reich der Habsuchtszwerge ist tiefer drinnen im dunklen Tann."
„Und wer seid ihr?" fragte Kathrin ängstlich.
„Wir sind Wurzelwichte", antwortete einer der kleinen grün-braunen Kerlchen, „wir hüten die Wachstumskräfte der Natur."
„Und warum haltet ihr uns auf?" wollte Tobias wissen, „wir müssen weiter. Wir müssen etwas Wichtiges suchen."
„Das ist uns bereits bekannt. Ihr sucht nach den Perlen der Schicksalskette, die man der Zukunft geraubt hat", sagte der größte der Wichte. Der Kleinste jedoch erklärte: „Wir wollen euch helfen. Kommt mit in unsere Höhle." Er winkte den Kindern, und sie wanderten wieder aus dem Wald heraus.

*

Die Höhle der Wurzelwichte lag am Waldrand. Sie war hübsch eingerichtet mit kleinen moosgepolsterten Sitzen. Von der Decke hing eine Öllampe.
Tobias schaute sich um: „Ist das hier das Gedankenreich der Gegenwart, von dem uns die Vergangenheit erzählt hat?"

Die Wurzelwichte schmunzelten: „Ja, es ist euer Gedankenreich."
„Wir haben im gläsernen Schloß die Vergangenheit und die kranke Zukunft gesehen", stellte Kathrin fest, „aber die Gegenwart war nicht da."
„Hm", machte ein Wicht, „sie hatte wohl wieder mal keine Zeit für ihre Tochter."
„Wieso Tochter?" fragte Kathrin.
Der Wicht schaute traurig drein: „Ach, weißt du, die Gegenwart ist die Tochter der Vergangenheit und die Zukunft ist die Tochter der Gegenwart. Leider hat die Gegenwart nur selten Zeit für ihre Tochter."
Dann wandte sich der größte der Wichte wieder an die Kinder: „Wollt ihr tatsächlich die sieben Perlen der Schicksalskette suchen?"
Tobias nickte: „Wir haben es versprochen."
„Na gut", freute sich der Wicht, „dann helfen wir euch dabei. Nehmt Platz und laßt uns beraten. Welche der Perlen könnten die Kinder wohl zuerst suchen?"
„Die Perle der Liebe. Sie ist die Wichtigste", meinte der Kleine.
„Das schon, aber der Weg dorthin ist noch zu schwierig für den Anfang", sagte der große Wicht.
„Die Perle der Freude", schlug der mittlere Wicht vor.
„Auch zu schwer", erklärte der große, „die erste Wanderung der Kinder darf nicht gleich durchs gefährliche Mißmutmoor führen."
„Wie wär's mit der Perle der Weisheit?" meldete der Kleine sich wieder. Aber der Große schüttelte den Kopf: „Nur wer die Perle der Liebe hat, kann auch die Perle der Weisheit finden."
Die Wurzelwichte schwiegen und überlegten.
„Was sind denn das noch für andere Perlen? Wie heißen sie?" wollte Kathrin wissen.
„Das werdet ihr schon noch rechtzeitig erfahren", erklärte der große Wurzelwicht.
Tobias wurde ungeduldig: „Können wir denn nicht alle sieben Perlen auf einmal suchen? Dann haben wir's hinter uns!"
„Nur ja nicht!" riefen die drei Wurzelwichte, „nur ja nicht!"
„Warum nicht?"
„Das wäre zu anstrengend und gefährlich für euch", antwortete der große Wicht. „Wenn ihr die sieben Perlen finden wollt, ohne Schaden zu nehmen, dann müßt ihr mit euren Gedankenpferdchen an sieben Tagen siebenmal eine Reise machen und auf Suche gehen."
Tobias stand auf: „Dann wollen wir aber gleich jetzt losgehen."
„Nicht so schnell, mein Junge, alles mit der Ruhe", mahnte der Wurzelwicht.

„Wir Wurzelwichte müssen erst ausfindig machen, welche der Perlen am leichtesten zu holen ist.“
„Könnt ihr denn das?“
„Ja, das können wir Wurzelwichte. Wir können herausfinden, wo die Perlen liegen. Nur holen, holen muß sie ein Menschenkind. Holen dürfen wir sie nicht.“
„Warum nicht?“
„Das ist ein geheimes Gesetz.“
Jetzt standen auch die Wurzelwichte auf: „Kommt morgen wieder, ihr Kinder. Fliegt nach Hause. Eure Gedankenpferdchen stehen draußen vor der Höhle und warten.“
Etwas ratlos bestiegen Kathrin und Tobias ihre Gedankenpferdchen, und im Nu waren sie wieder in der alten Scheune.

Die erste Perle

In der folgenden Nacht gab es noch einmal ein Gewitter. Aber am Morgen darauf schien die Sonne.
Schnell verließen Kathrin und Tobias das Haus und wanderten hinüber zur alten Scheune. Die noch nassen Wiesen dampften in der Sonne, und aus dem nahen Wald stiegen Nebelschwaden empor.
In der Scheune saß, wie am Tag zuvor, die Eule Schuschuhu und erwartete die Kinder. „Ihr habt's aber eilig", krächzte sie, als die beiden hurtig zum Dachboden hinaufstiegen.
„Na, was sagst du, daß wir heute wieder gekommen sind, obwohl draußen die Sonne scheint?" fragte Tobias.
„Das habe ich von euch nicht anders erwartet", erklärte die Eule, „ihr habt doch eine große Aufgabe übernommen."
„Ja, das stimmt", nickte Tobias.
Schuschuhu riß ihre verschleierten Augen auf und krächzte: „Setzt euch ins Heu. Ich habe euch etwas Wichtiges zu sagen."
Die Kinder folgten. Da sagte die Eule: „Also, eure Gedankenpferdchen können überall hinkommen, wenn ihr sie nur ruft. Sie können auch von überall wegfliegen, nicht nur von dieser Scheune hier. In den nächsten Tagen wird es sehr warm werden. Ich spüre es. Legt euch in dieser Zeit auf die Wiese unter einen Baum. Träumt ein wenig in die Zweige, und dann ruft von dort aus eure Gedankenpferdchen."
Kathrin schüttelte den Kopf: „Aber du, du bist dann nicht dabei. Und du gibst uns doch immer so gute Ratschläge."
„Das ist lieb von dir, daß du das sagst", freute sich die Eule, „aber laßt mich in den nächsten Tagen schlafen. Ich brauche meine Tagruhe. Eulen sind Nachtvögel. Nur euretwegen bin ich wach geblieben. Wenn ihr die dritte Perle gefunden habt, dann meldet euch wieder bei mir. Einverstanden?"
„Klar, einverstanden", versprach Tobias.
Schuschuhu plusterte sich auf, breitete ihr großen Flügel aus und krächzte: „Na dann gute Reisen, ihr beiden." Und sie verschwand wieder in ihrer Ecke.
Kathrin stand auf, klopfte sich das Heu von den Jeans und wandte sich an den Bruder: „Auf geht's zu den Wurzelwichten. Ruf' die Gedankenpferdchen, Tobi? Du bist heute dran!"
Nun kroch auch Tobias aus dem Heu. Er stellte sich neben die Schwester und sprach feierlich:

„All die Gedanken,
die um mich so ranken,
sind Pferdchen mit Flügeln.
Ich kann sie mir zügeln.
Ich lasse sie kreisen
und lasse sie reisen
hinauf zu den Sternen,
in zaub'rische Fernen.
Sie bringen, welch Glück,
mich heil stets zurück."

Ja, und dann passierte dasselbe wie am Tag zuvor: ein blauweißer Nebelschleier durchzog die Scheune, die plötzlich keine Wände und kein Dach mehr hatte. Kurz darauf standen vor den Kindern wieder die beiden kleinen weißen Gedankenpferdchen. Sie schüttelten die Mähnen und schlugen mit den Flügeln. Kathrin und Tobias schwangen sich auf ihre Pferdchen. „Zu den Wurzelwichten, hü!" rief Tobias.

Da flogen die Gedankenpferdchen mit den Kindern davon. Durch Nebelschwaden, über Wiesen und Wälder, über Berge und Seen ging der Flug. Lag dort drüben auf dem Felsen nicht das gläserne Schloß der Zukunft? Ja, das war das seltsame Schloß, in dem das kranke junge Mädchen, die Zukunft, lebte, von der Norne der Vergangenheit betreut. Die Gedankenpferdchen schwebten darüber hinweg. Dann ließen sie die Flügel gleiten und segelten dem Waldrand zu. Direkt vor der Höhle der Wurzelwichte erreichten sie die Erde. Kathrin und Tobias stiegen ab und schauten in die Höhle hinein. Dort saßen die drei Wurzelwichte und warteten.

„Hallo", rief Tobias, „hallo!"

Die Wurzelwichte schauten auf. „Ach, ihr seid schon da", staunte der Kleine.

„Habt ihr noch geschlafen?" fragte Kathrin.

„Nein, wir haben überlegt, wie ihr auf dem schnellsten Weg zur Gedankenburg der Habsuchtszwerge kommen könnt", antwortete der etwas größere Wicht.

„Zur Gedankenburg der Habsuchtszwerge? Was ist denn das wieder?" wollte Tobias wissen.

Nun ergriff der größte der drei Wichte das Wort: „Setzt euch zu uns. Wir haben mit euch zu reden."

Die Kinder nahmen Platz. Der größte der Wurzelwichte aber sprach weiter: „Wir haben überlegt und sind zu dem Entschluß gekommen, daß es am besten ist, wenn ihr zuerst die helle Perle der guten Gedanken sucht. Die Habsuchts-

zwerge haben sie mitten in ihrem Wald in ihrer dunklen Gedankenburg versteckt. Es ist eine weißschillernde Perle. Sie liegt in einem goldenen Kästchen zwischen lauter schwarzen Perlen."

„Und dieses goldene Kästchen sollen wir suchen?" unterbrach Tobias den Wurzelwicht.

Der nickte bedenklich: „Ja, aber ihr müßt erst einmal in die Burg hineinkommen."

„Da brauchen wir wohl einen Schlüssel", meinte Kathrin.

Der Wurzelwicht schüttelte den Kopf: „Nein, einen Schlüssel braucht ihr nicht. Die Tore und Türen öffnen sich auf geheimnisvolle Weise für den, der zum Ziel kommen will und seine Gedanken zu diesem Ziel lenken kann."

Tobias zuckte mit den Schultern: „Das versteh ich nicht."

„Dann hört jetzt mal gut zu", forderte der große Wicht die Kinder auf, „stellt euch vor, ihr steht vor der Burg. Die Zugbrücke ist hochgezogen, vor euch liegt ein tiefer Graben. Und nun paßt gut auf: nun müßt ihr denken, vielleicht sogar laut sprechen, jeder für sich: ‚Ich will in den Burghof, ich will in den Burghof, ich will in den Burghof'. Wenn ihr es nun wirklich ernst meint mit eurer Aufgabe, dann senkt sich die Brücke, das große Tor zum Burghof öffnet sich – und schon könnt ihr hineingehen. Genauso wird's mit den Türen in der Burg auch sein."

„Das ist ja ganz einfach", lachte Tobias. Der Wurzelwicht schüttelte wieder den Kopf: „Nein, nein, das scheint nur so. Ihr dürft dabei nämlich an nichts anderes denken als an euer Ziel, an die Perle der guten Gedanken, und an den Weg, der vor euch liegt. Wehe, wenn ihr an etwas anderes denkt! Dann kann es passieren, daß ihr in der Burg gefangen bleibt."

Kathrin schaute den Wurzelwicht erstaunt an: „Also ich weiß nicht, was daran schwierig sein soll. Wir denken doch schon die ganze Zeit an unser Ziel, dann denken wir halt noch etwas mehr dran."

„Und an nichts anderes?" schmunzelte der Wicht.

„Nein, an nichts anderes", antwortete Kathrin selbstsicher.

Jetzt mußte der kleinste der Wichte laut hinauslachen: „Hast du das schon einmal ausprobiert? Hast du schon einmal deine Gedanken festgebunden an einer Sache?"

„Ich weiß nicht...", gestand Kathrin.

„Dann versuch's mal."

„Wie?"

„Also", schlug der kleine Wicht vor, „also da draußen steht ein Baum. Denk mal zwei Minuten nur an ihn. Denk', wie er wächst, denk' an seine Blätter, an die

Vögel, die in seinen Ästen singen, und so weiter. Aber denk' dabei an nichts anderes. Fang' an. Ich zähle auf drei: eins, zwei, drei..."
Kathrin dachte an den Baum. Sie sah in Gedanken, wie er wuchs und wuchs, wie er immer mehr grüne Blätter bekam, wie die Vögel in den Zweigen sangen. Dann dachte sie an den Herbst, sah in Gedanken wie die Blätter des Baumes gelb wurden und dann..., ja dann fiel ihr plötzlich ihre gelbe Bluse ein, auf die sie gestern einen Fettfleck gemacht hatte.
Der kleine Wicht konnte Gedanken lesen: „An was hast du eben gedacht?"
„An meine gelbe Bluse", gestand Kathrin verlegen.
„Pah", lachte der Wicht, „hab' ich dir nicht gleich gesagt, daß das mit den Gedanken nicht so einfach ist?"
„Wir werden's schon schaffen", meinte Tobias.
„Das hoffen wir auch", sagte der große Wurzelwicht, „doch nun hört weiter zu: die Burg hat viele Säle und Zimmer. Haltet euch nirgends lange auf. Nur im blauen Saal könnt ihr das goldene Kästchen finden. Wenn ihr es gefunden habt, sucht die weiße Perle, die Perle der guten Gedanken, heraus. Dann geht mit der Perle zum Burghof zurück.
Von dort führt ein unterirdischer Gang zu einem Stall, in dem weiße Gedankenpferdchen gefangen sind. Die müßt ihr noch befreien. Berührt die Stalltüre mit der Hand, in der ihr die Perle der guten Gedanken haltet. Die Türe wird sich sogleich öffnen. Dann können die weißen Gedankenpferdchen den Stall verlassen und wieder zu den Menschen fliegen. Aber schnappt euch gleich eines davon, jeder von euch eines. Sie werden euch dann hierher zur Höhle zurückbringen.
Doch nun kommt das Allerwichtigste: Wenn die Sonne untergegangen ist, müßt ihr die Burg verlassen haben. Da kommen nämlich die Habsuchtszwerge zurück. Wenn sie euch erwischen, werden sie euch gefangennehmen. Und dann können auch wir euch nicht befreien."
Die drei Wurzelwichte standen auf und winkten den Kindern, mitzukommen.
„Bringt ihr uns zur Gedankenburg der Habsuchtszwerge?" fragte Tobias.
„Nein", antworteten die Wichte.
„Dann fliegen wir wohl mit unseren Gedankenpferdchen", meinte Kathrin.
„Nein, die bleiben auch hier, das wäre zu gefährlich für sie, im düsteren Wald der Habsuchtszwerge auf euch zu warten," sagte der kleinste Wicht.
Der mittlere aber eilte voraus in den Laubwald hinter der Höhle. Dort standen zwei prächtige Hirsche mit mächtigen Geweihen.
„Kommt", rief der Wicht, „steigt auf. Die Hirsche werden euch durch den dunklen Tann bis ans Burgtor tragen. Von dort aus müßt ihr euren Weg allein gehen."
Etwas ängstlich kletterten die Kinder auf die ernst dreinschauenden mächtigen

Tiere. „Haltet euch an den Geweihen fest“, schlug der große Wicht vor. „Keine Angst, das sind brave Tiere“, sagte der kleinste der Wichte, „auch sie wissen, daß es eine gute, eine wichtige Aufgabe ist, die ihr übernommen habt, und bei der sie euch helfen sollen.“

Langsam trabten die Hirsche durch den lichten Laubwald, bis sie an eine große weite Wiese kamen. Mitten durch diese Wiese floß ein Bach. Auf der gegenüberliegenden Seite aber sah man schon den dunklen Wald der Habsuchtszwerge.

„Haltet euch fest“, flüsterten die Hirsche. Dann sprangen sie über die Wiese hinweg, daß es den Kindern fast schwindelig wurde.

In der Burg der Habsuchtszwerge

Drüben, jenseits der Wiese, blieben die Hirsche stehen. Ein leichtes Zittern ging durch ihren Körper. Dann trabten sie langsam suchend dem Waldrand entlang, bis sie einen schmalen Pfad fanden, der durch den düsteren Tannenwald führte. Unheimlich war es hier. Keinen Vogel hörte man singen, keine Biene summen, kein Schmetterling und kein Käfer zeigte sich. Immer dichter wurde der Wald. Und es war, als ob er immer toter würde. Bald sahen die Kinder rechts und links des Pfades an den hohen Baumstämmen nichts als dürres Geäst. Es reichte fast bis in die Wipfel der Bäume hinauf. Nur hoch oben die Spitzen der Tannen waren noch grün.

„Das sieht man von weitem gar nicht, daß die Bäume so dürr sind, daß der Wald so kahl und tot ist", flüsterte Kathrin bedrückt.

Plötzlich kamen sie wieder an eine Lichtung, und mitten in dieser Lichtung stand eine finstere Burg. Kein grünes Efeu kletterte an ihren Wänden empor. Die alten Mauern waren nackt und grau, und die Fenster sahen aus wie böse Augen. Auch hier zeigte sich kein Vogel, kein Schmetterling. Ja, es schien, als ob sich keine Blume, keine Rankenpflanze, ja nicht einmal Moos an die Mauer dieser düsteren Burg wagten.

„Steigt ab", hauchten die beiden Hirsche, „nur bis hier her können wir euch bringen. Das ist die Burg der Habsuchtszwerge. Wir wünschen euch viel Glück."

Mit gesenkten Geweihen verschwanden die Tiere schnell wieder im Wald. Die Kinder hörten nur noch kurz das leise Knacken der Äste unter ihren Hufen. Dann war alles still – unheimlich still.

Ängstlich ergriff Kathrin die Hand des Bruders: „Komm schnell, damit wir's hinter uns bringen."

Die beiden gingen auf die Burg zu. Sie war von einem tiefen Graben umgeben. Darinnen lag Unrat und Geröll. Es roch nach Fäulnis. Tobias schüttelte sich: „Fieß ist das!"

Doch dann zog er die Schwester mit sich fort: „Schau mal, Kathrin, da drüben ist die Zugbrücke, von der uns die Wurzelwichte erzählt haben. Hier müssen wir anfangen."

Als die Kinder kurz danach vor der hochgezogenen Brücke standen, versprachen sie sich mit tiefem Ernst, nun wirklich nur noch an ihr Ziel zu denken, die weiße Perle der guten Gedanken für die junge Zukunft zurückzuholen. Laut sagten sie vor sich hin, jeder für sich: „Ich will in den Burghof, ich will in den Burghof, ich will in den Burghof. Ich will die Perle der guten Gedanken finden."

Da senkte sich die Brücke langsam herab und das Tor zum Burghof öffnete sich. Kathrin und Tobias überlegten nicht lange. Hand in Hand liefen sie über die Brücke hinweg in den Burghof hinein.
Die Geschwister umarmten sich. „Das haben wir prima gemacht. Die Wurzelwichte werden staunen!“ riefen sie einander zu. Da klappte das Tor des Burghofes mit lautem Knall hinter ihnen zu.
„Was nun?“ fragte Kathrin erschrocken. „Nun sind wir wohl gefangen?“
Tobias überlegte: „Das glaube ich nicht. Wir müssen nur weiter an unser Ziel denken, an die weiße Perle der guten Gedanken.“
Kathrin nickte. Und seltsam, als ob unsichtbare Geister die Gedanken der Kinder erraten hätten, öffnete sich langsam und knarrend eine Türe, die in das Gebäude der Burg hineinführte.
Die Kinder traten ein und durchschritten einen nur spärlich beleuchteten Gang, der nicht enden wollte. „Zur Perle der guten Gedanken, zur Perle der guten Gedanken, zur Perle der guten Gedanken“, flüsterte Kathrin vor sich hin. Da öffnete sich plötzlich wieder eine Türe.
Ein grell erleuchteter gelber Saal nahm die Kinder auf. Für einen Moment mußten sie die Augen schließen, weil alles um sie herum blendete. Glitzernde und gleißende Kristall-Leuchter baumelten hier von der Decke herab. An den Wänden hingen unzählige Spiegel. Sie waren mit Diamanten besetzt, die im grellen Licht immer wieder aufblitzten. Vor dem größten der Spiegel stand ein Tisch aus purem Gold. Und auf diesem Tisch lag wunderschöner Schmuck: Ringe, Ketten, Armbänder, Broschen, kleine Kronen und Diademe und noch vieles andere mehr.
Daß es so etwas Prächtiges gab, hätte Kathrin nie für möglich gehalten. Vorsichtig nahm sie eine Kette in die Hände, hing sie sich um, und betrachtete sich im Spiegel. „Schön, nicht?“ sagte sie zum Bruder. Da tat es einen lauten Schlag. Die Türe, durch die Kathrin und Tobias gekommen waren, fiel ins Schloß.
„Was hast du getan? Leg sofort den Schmuck weg!“ herrschte Tobias die Schwester an. „Jetzt sind wir tatsächlich gefangen.“
„Ach was“, entgegnete Kathrin, „wir müssen jetzt nur wieder an unser Ziel denken, an die Perle der guten Gedanken, dann wird sich schon wieder eine Türe öffnen.“
Tobias blickte auf die drei Türen, die am anderen Ende des Saales lagen, und sagte leise: „Wir wollen zur Perle der guten Gedanken, wir wollen zur Perle der guten Gedanken, wir wollen zur Perle der guten Gedanken.“ Aber keine der Türen öffnete sich.
Kathrin hatte zwar die Kette wieder zurückgelegt, aber sie konnte sich noch nicht ganz von all den Herrlichkeiten trennen.

„Kathrin, wo bist du mit deinen Gedanken? Du bist nicht bei der Sache“, schimpfte Tobias mit der Schwester, „so kommen wir nie aus diesem Saal heraus!“
Nun erschrak Kathrin plötzlich vor sich selber. Das hatte sie nicht gewollt. Im Grunde lag ihr auch gar nichts an all dem Schmuck. Schnell lief sie zum Bruder hinüber: „Entschuldige bitte. Ich will jetzt nur noch an die Perle der guten Gedanken denken.“
Und siehe da, wieder öffnete sich eine Türe. Sie führte in einen schwarzen Saal, der mit verschiedenen elektrischen Lichtern spärlich beleuchtet war. An einer Wand entdeckten die Kinder zwölf kleine Fernsehgeräte. Daneben einen Schaltkasten mit vielen Tasten und einem drehbaren Hebel. „Das sind sicher Monitore“, erklärte Tobias der Schwester, „weißt du, in allen Räumen der Burg sind Fernsehkameras aufgestellt, die man von hier aus mit dem Hebel dirigieren kann. Sie geben ihr Bild dann auf die Monitore.“
Tobias schaute sich den Schaltkasten näher an und klatschte begeistert in die Hände: „Mensch, Kathrin, komm’ schnell! Ich glaube, ich kann auf diesen zwölf Monitoren, diesen kleinen Fernsehgeräten, alle Räume der Burg beobachten, wenn ich nur den Schaltkasten hier richtig bediene.“
In diesem Augenblick schlug auch hier wieder die Türe hinter den Kindern mit lautem Knall zu.
„Tobias, wir müssen weiter“, mahnte Kathrin, „die Türe hinter uns ist wieder zu. Komm, wir müssen eine neue öffnen, sonst sind wir gefangen.“
Aber Tobias ließ sich nicht drausbringen. Er setzte sich auf den Ledersessel, der vor dem Schaltkasten stand, und begann, an den verschiedenen Tasten herumzuspielen. Jetzt hatte er den gelben Saal, aus dem sie gekommen waren, auf einem der Bildschirme. „Guck mal, da liegt der Schmuck, der dir so gefallen hat“, sagte er zur Schwester.
Kathrin kam näher. Da hatte Tobias schon einen anderen Raum auf einem der Bildschirme. Er war weiß und sah aus wie ein großes Labor. Tobias spielte weiter. Nun hatte er den Burghof im Bild. Und hier...! „Kathrin, das mußt du dir ansehen! Das ist sicher der Keller der Habsuchtszwerge. Was die da bloß alles gehamstert haben: Würste, Speck, Weine und Konserven. Wenn ich nun an dem Hebel drehe, schwenkt die Kamera bis in den letzten Winkel hinein. Toll ist das!“
Jetzt begann sich auch Kathrin für die Sache zu interessieren. „Such den blauen Saal“, bat sie den Bruder. Der aber hatte schon wieder etwas anderes entdeckt. Auf einem der Bildschirme erschien der Stall mit den weißen Gedankenpferdchen. Sie lagen eng zusammengepfercht im Stroh und sahen aus, als ob sie weinen wollten.

„Die armen", seufzte Kathrin, „sie sind so niedlich. Wir müssen sie befreien. Komm jetzt, Tobi!"
„Du wolltest doch noch den blauen Saal sehen", erklärte Tobias. Und schon hatte er ihn auf einem der Bildschirme. Wo aber war das goldene Kästchen. Tobias ließ die Kamera kreisen. In der Mitte des Saales stand ein Tisch, auf dem eine Brokatdecke lag. Und auf dieser Brokatdecke sahen die Kinder etwas Goldenes schimmern. Das könnte das goldene Kästchen sein... ja, das war es.
„So, jetzt wissen wir wenigstens, wo wir es suchen müssen", meinte der Junge. Das klang ein wenig, als ob er sich für seine Spielerei entschuldigen wollte. Bloß nichts zugeben...
Kathrin wurde ungeduldig: „Ja, jetzt wissen wir, wo das Kästchen steht. Und jetzt müssen wir weiter, komm!"
„Nur noch sechs Knöpfe, dann hab' ich die ganze Burg im Bild", murrte Tobias. Gegenüber der Wand mit den Bildschirmen befand sich ein kleines Fenster. Kathrin ging darauf zu, schaute hinaus und erschrak. Die Hälfte der Sonne hatte sich bereits unter eine Wolkenwand geschoben. Langsam entstand schon das Abendrot.
„Tobias", schrie das Mädchen und stapfte wütend auf den Boden, „wenn du jetzt nicht aufhörst, dann geht die Sonne unter und dann werden uns die Habsuchtszwerge fangen!"
Das war natürlich ein wenig übertrieben, aber es zog. Langsam stand Tobias auf und ging zur Schwester hinüber.
„Ist es schon so spät?"
„Ja", sagte Kathrin vorwurfsvoll, „du hast wohl vor lauter Technik unsere Aufgabe vergessen."
„Hab' ich nicht, Kathrin", murmelte Tobias. Er nahm die Schwester bei der Hand und sagte dreimal laut: „Wir möchten zur Perle der guten Gedanken."
Lange Zeit tat sich nichts. Kathrin schloß die Augen und sagte dieselben Worte. Und siehe da, ganz langsam öffnete sich eine kleine Pforte. Rote Wände leuchteten den Kindern entgegen. „Komm, Kathrin, da müssen wir wohl auch noch durch", sagte Tobias.
In dem roten Saal, den sie nun durchquerten, stand eine reich gedeckte Tafel mit köstlichen Früchten, belegten Broten, allerlei Leckereien und verschiedenen Getränken. Und jetzt geschah etwas, mit dem die Kinder eigentlich nicht gerechnet hatten: Sie bekamen plötzlich großen Hunger und Durst. Fragend schauten sie sich an: sollen wir? Doch beide schüttelten energisch den Kopf.
„Nein, wir haben keine Zeit mehr. Lieber die Perle vor der Dunkelheit aus der Burg schaffen", meinte Tobias. Dann schaute er nochmals zur gedeckten Tafel

hinüber: „Aber wir könnten ein Brot und einen Apfel mitnehmen."
„Nein", widersprach Kathrin, „denk' an das Märchen von Brüderchen und Schwesterchen. Da war das Wasser verzaubert und der Bruder wurde zum Tier."
Tobias schmunzelte zwar ein wenig über die kleine Schwester. Laut jedoch sagte er: „Ja, du hast recht, Kathrin, wir müssen weiter."
Hand in Hand gingen die Kinder auf die Türe zu, die sie am anderen Ende des Saales sahen. Da standen sie nun mit knurrendem Magen und durstiger Kehle. Aber tapfer unterdrückten sie Hunger und Durst und dachten nur noch an die Perle der guten Gedanken.
Nun öffnete sich die Türe. Ein blaues Dämmerlicht fiel aus dem nächsten Raum. Kathrin und Tobias eilten durch die Pforte. Sie waren im blauen Saal.
In der Mitte des Raumes stand ein mächtiger Holztisch, auf dem eine kostbare Brokatdecke lag. Und auf diesem Tisch entdeckten die Kinder tatsächlich ein goldenes Kästchen. War es das Kästchen, das die Perle der guten Gedanken enthielt? Die Kinder konnten dieses Kästchen mühelos öffnen. Es war unverschlossen. Darinnen lagen lauter schwarze Perlen. Es mochten einige Hundert sein.
„Dazwischen soll also die weiße Perle der guten Gedanken liegen, von der die Wurzelwichte gesprochen haben", sagte Tobias.
Er durchwühlte hastig die schwarzen Perlen. Nichts! Es war keine weiße Perle darunter.
Kathrin schob ihn beiseite: „Komm, laß mich mal." Immer wieder ließ sie die Perlen durch ihre kleinen Hände gleiten. Und da, plötzlich schimmerte zwischen ihnen eine helle weiße Perle hervor. Doch gleich war sie wieder unter den anderen verschwunden.
„Da ist sie ja, die Perle der guten Gedanken!" jubelte Kathrin. „Ich muß sie nur noch aus den schwarzen Perlen herausfischen." Sorgsam legte sie Hand für Hand voller schwarzer Perlen aus dem goldenen Kästchen auf die Brokatdecke, bis sie schließlich auf einmal die weiße Perle vor sich liegen hatte. Vorsichtig holte nun das Mädchen diese weiße Perle aus den schwarzen heraus und barg sie in der Hand. „Ist die wunderschön!" rief Tobias. „Halte sie nur gut fest. Du hast sie ja auch gefunden."
Ein flacher Sonnenstrahl fiel in den blauen Saal, und es schien, als ob die weiße Perle aufleuchtete. Tobias schaute aus dem Fenster. „Die Sonne", rief er erschrocken, „die Sonne ist schon über die Hälfte versunken!"
„O, dann geht sie bald ganz unter. Wir müssen weg", meinte Kathrin ängstlich.
„Ja, du hast recht", sagte Tobias, „komm schnell weg hier."
„Aber Tobi, wir sollen doch auch noch die Gedankenpferdchen befreien", erinnerte Kathrin.

Tobias nickte: „Ich weiß, Kathrin. Wir dürfen jetzt nur noch an unser nächstes Ziel, an die Gedankenpferdchen denken."
„Müssen wir wieder denselben Weg zurück?" wollte Kathrin wissen.
„Ich weiß es nicht", gestand Tobias, „die Türe hat sich hinter uns geschlossen, aber da drüben ist noch eine Türe."
Er nahm die Schwester wieder bei der Hand und ging mit ihr zu dieser zweiten Türe hinüber. Es dauerte nicht lange, dann öffnete sie sich, und die Kinder konnten einen grün schimmernden Raum betreten. Sie durchquerten ihn rasch und schauten sich nicht um, denn sie wollten jetzt nur noch an die gefangenen Gedankenpferdchen, an ihr nächstes Ziel, denken. Noch durch zwei weitere Zimmer mußten die beiden gehen. Auch hier schauten sie sich nicht um. Dann waren sie plötzlich wieder im Burghof.
Kathrin blieb stehen und blickte nach Westen. Die Sonne zeigte nur noch einen schmalen Rand am Horizont. Waren die Habsuchtszwerge wohl schon auf dem Weg? Tobias hatte inzwischen den unterirdischen Gang gefunden und winkte der Schwester, zu kommen. Die aber schaute immer noch ängstlich auf die nun untergehende Sonne.
„Los komm, wir dürfen nicht stehenbleiben", rief Tobias.
„Ich habe Angst, daß die Habsuchtszwerge kommen", jammerte Kathrin. Nun wurde Tobias ärgerlich: „Angst verschließt die Türen. Komm zu den Gedankenpferdchen. Wir müssen unsere Aufgabe zu Ende führen."
Das sah Kathrin ein. Sie folgte dem Bruder durch den unterirdischen Gang, der in einem zweiten Burghof endete. Dort fanden die Kinder schließlich auch den Stall.
Es dämmerte schon, und über dem Wald zeigte sich eine dunkle Wolke. Waren das etwa die Habsuchtszwerge? „Wir müssen uns beeilen", mahnte Tobias. Zitternd berührte Kathrin die Stalltüre mit ihrer kleinen Faust, in der sie krampfhaft die Perle der guten Gedanken hielt. Im Nu öffnete sich die Türe und heraus stürzten die weißen Gedankenpferdchen. Sie schlugen freudig mit ihren Flügeln und flogen auf. Tobias konnte gerade noch eines von ihnen an der Mähne festhalten. „Ihr sollt uns doch mitnehmen", rief der Junge.
„Ich kann nur einen von euch tragen", sagte das Gedankenpferdchen. Kathrin wollte den anderen etwas zurufen, eines der Pferdchen herwinken. Aber die sahen und hörten nichts. Sie waren schon weit über dem Wald.
„Also, wer von euch fliegt nun mit mir?" fragte das Gedankenpferdchen, „ich will auch weg von hier. Ich wittere schon die Habsuchtszwerge. Wir müssen schnell fort."
„Entweder du trägst uns beide fort oder wir bleiben alle drei hier", bestimmte

Tobias, „meine Schwester und ich haben ein wichtiges Ziel, wir müssen die Perle der guten Gedanken zu den Wurzelwichten bringen, die Perle, die euch befreit hat. Wir müssen zurück zur Höhle der Wurzelwichte."
Das Gedankenpferdchen schüttelte wild seine weiße Mähne: „Na gut, ich will's versuchen, „steigt auf, aber schnell", rief es. Das ließen sich die Kinder nicht zweimal sagen.

In letzter Minute

Geschwind schwangen sich Kathrin und Tobias auf das ungesattelte Gedankenpferdchen. Kaum waren sie aufgesessen, da hob das Pferdchen seine Flügel und flog schwerfällig über den düsteren Wald hinweg. Drunten im Gestrüpp sahen die Kinder schwarze Gestalten herankommen: die Habsuchtszwerge.
„Lange schaff' ich das nicht mit euch, ihr seid zu schwer", stöhnte das Gedankenpferdchen, „ich muß euch bald irgendwo absetzen."
„Aber nicht in diesem Wald, sonst fangen uns die Habsuchtszwerge doch noch", bat Tobias.
„Ich will euch ja nicht hängen lassen", erklärte das Gedankenpferdchen, „ich will mein Möglichstes versuchen". Aber bald spürten die Kinder, wie die Kraft des kleinen Tieres immer mehr nachließ. Tiefer und tiefer flog es. Jetzt streiften seine Hufe fast die Wipfel der Bäume. „Wirst du's schaffen?" fragte Kathrin.
„Ja" wieherte das Gedankenpferdchen atemlos, „gleich kommt eine Waldwiese. Dort setze ich euch ab. Auf der Wiese seid ihr außer Gefahr."
Bald darauf sahen auch die Kinder die große Wiesenfläche und auf der gegenüberliegenden Seite den lichten Laubwald. Das Gedankenpferdchen ließ sich langsam abwärts gleiten. Es kam noch bis zu dem Bach, der sich mitten durch die Wiese schlängelte. Dort setzte es die Kinder erschöpft ab.
„Einen von euch könnte ich ja jetzt zur Höhle bringen. Das schaffe ich noch", meinte es.
„Nein, wir bleiben beisammen", erklärte Tobias.
„Wie ihr wollt", sagte das Gedankenpferdchen, „aber dann müßt ihr wohl allein durch den Laubwald finden. Ich könnte ja den Wurzelwichten Bescheid sagen."
Tobias klatschte erfreut in die Hände: „Eine gute Idee." Kathrin aber schüttelte den Kopf: „Das ist gar nicht nötig. Schaut mal, wer dort kommt."
Jetzt entdeckten auch Tobias und das Gedankenpferdchen die beiden Hirsche. Sie kamen in großen Sprüngen über die Wiese. „Endlich seid ihr da. Wir hatten große Sorge um euch", schnaubten sie, als sie vor den Kindern standen, „habt ihr die Perle?"
Kathrin öffnete ihre Hand und zeigte die schimmernde Kostbarkeit. „Halt sie fest", gemahnte Tobias.
Die Hirsche reckten sich: „Steigt auf. Die Wurzelwichte erwarten euch." Da kletterten Kathrin und Tobias auf die großen Tiere, die majestätisch auf den Laubwald zutrabten. Das Gedankenpferdchen begleitete die Kinder noch ein paar Schritte. Dann erhob es sich in die Lüfte und flog über den Wald davon.

Ungeduldig warteten die drei Wurzelwichte auf Kathrin und Tobias. Der Mond stand bereits wie eine durchsichtige Wolke am langsam dunkler werdenden Abendhimmel. Endlich kamen die Kinder bei der Höhle an. Das war ein Jubel. Drinnen zeigte Kathrin die helle Perle der guten Gedanken. Sie leuchtete und strahlte im Licht der kleinen Öllampe. Ja, und dann mußten die Kinder erzählen und erzählen. Dabei wurde es immer später. Plötzlich wieherten draußen die Gedankenpferdchen.

„Das heißt wohl, wir sollen jetzt nach Hause zurückfliegen", meinte Tobias. Die Wurzelwichte nickten.

„Und was wird aus der Perle der guten Gedanken? Sollen wir sie nicht gleich zur kranken Zukunft bringen?" fragte Kathrin.

„Das wäre nicht gut", erklärte der große Wicht, „nur alle sieben Perlen zusammen geben die rechte Wirkung. Wir werden die Perle der guten Gedanken hier aufbewahren und bewachen, bis ihr auch die anderen sechs Perlen gefunden habt. Aber noch heute Abend wird unser Kleinster die kranke Zukunft besuchen und ihr von eurem Erfolg berichten. Das wird sie erfreuen."

Draußen war es inzwischen dunkel geworden. Das weiße Fell der Gedankenpferdchen leuchtete im Mondlicht. Kaum waren die Kinder aufgesessen, da flogen die Gedankenpferdchen auch schon los. „Kommt bald wieder und sucht die nächste Perle", riefen die Wurzelwichte ihren Freunden noch nach.

Unzählige Sterne standen am Himmel, als die Kinder durch die Nacht flogen. Plötzlich gerieten sie in eine Nebelwolke. Und als sie kurz darauf in der alten Scheune landeten, war es glockenheller Tag.

„Das sind schon wunderliche Reisen, die wir hier machen", meinte Kathrin, „wir wissen jetzt gar nicht, wie lange wir weg waren."

„Meine Uhr ist stehengeblieben", lachte Tobias, „die Zeit in der Welt der Gedanken hat wohl auch die Uhr durcheinandergebracht."

Was weiß Großmutter?

„Na, wo habt ihr euch denn den ganzen Morgen herumgetrieben? Wir wollten gerade mit dem Mittagessen anfangen.“ So wurden die Kinder empfangen, als sie in die große Stube des Hofes kamen. Alle anderen saßen dort schon um den Mittagstisch.
„Entschuldigt bitte, wir... wir“, stotterte Kathrin, „wir dachten, es... es wäre...“
„Es wäre vielleicht erst elf Uhr“, ergänzte Felix den Satz, „aber stellt euch vor, es hat schon zwölf geschlagen.“
„Meine Uhr ist stehengeblieben“, erklärte Tobias.
„Und ich hab' meine im Zimmer liegen gelassen“, sagte Kathrin.
„Da, setzt euch schon. Ihr werdet sicher Hunger haben“, forderte die Bäuerin die Kinder auf.
„Und ob“, sagte Tobias. Als ihm die Großmutter dann einen Teller voll Nudeln und Soße zuschob, mußte er unwillkürlich an die reich gedeckte Tafel der Habsuchtszwerge denken. Aber hier, auf dem Bauernhof, gefahrlos, schmeckten ihm die Nudeln besser als ihm wohl die köstlichen Gerichte in der unheimlichen Burg gemundet hätten.
Vater schien mit seinen Gedanken heute woanders zu sein. Er sprach leise mit der Mutter und hatte wohl gar nicht gemerkt, daß die Kinder zu spät gekommen waren. Kathrin und Tobias wunderten sich darüber. Eigentlich nicht seine Art. Während des Essens kam dann heraus, was die Eltern so beschäftigte, ja bedrückte. Sie waren am Morgen in das naheliegende Städtchen gefahren, um einzukaufen. Dort aber herrschte große Aufregung. Ein Junge von erst 16 Jahren hatte gehascht, hatte sich Drogen gespritzt und war dann elend zugrunde gegangen. Die Eltern hatten ihn tot in seinem Zimmer gefunden, die leere Spritze noch in der Hand. Darüber unterhielt man sich in der ganzen Stadt.
„Und niemand weiß, von wem er das Zeug hat. Das sind doch Verbrecher, die hier junge Menschen in so etwas hineinziehen“, empörte sich der Vater.
Mutter seufzte: „Wenn ich mir vorstelle, daß unser Junge so etwas einmal nähme...“
„Ich bin doch nicht dumm“, warf Tobias ein, „mit mir könnte das keiner machen. Ich weiß, wie gefährlich Drogen sind. Mit mir nicht!“
Der Vater schaute seinen Sohn ernst an: „Hoffentlich nicht!“
„Was sind Drogen?“ wollte Kathrin wissen.
„Das sind böse Gifte, Rauschgifte“, sagte die Mutter.

„Und davon wird man dumm, faul, krank und kann auch sterben", erklärte Tobias der kleinen Schwester.
„Warum hat der Junge das böse Gift dann genommen?" fragte Kathrin weiter.
„Weil's ihm jemand gegeben hat, weil ihn jemand dazu überredet hat", antwortete Felix.
Kathrin schüttelte den Kopf: „Das versteh' ich nicht. Warum nimmt jemand etwas, das ihm nicht guttut?"
„Er hat wohl nicht gewußt, wie schlimm das ist", meinte die Mutter.
Kathrin aber bohrte weiter: „Warum hat er's denn überhaupt genommen? Das muß doch einen Grund haben."
„Ja weißt du, das ist so...", versuchte der Vater zu erklären, „da gibt es Menschen, die meinen... aber das ist natürlich ganz falsch... die meinen... ach, wie soll ich dir das klar machen?"
Nun schaltete sich Großmutter ein: „Hör mal her, mein Kind. Da gibt es Menschen, die behaupten, mit dem Zeug könne man in eine andere Welt fliegen. Das macht dann die Sache für junge Menschen vielleicht interessant. Aber es ist eine böse Welt, in die man da hineingeraten kann. Eine häßliche, grausame Welt, die solche armen Menschen dann gefangen nimmt, und aus der es kein Entrinnen gibt. Verstehst du das?"
„Ja, das versteh' ich", sagte Kathrin.
Vater lächelte Großmutter anerkennend zu: „Fein haben Sie das den Kindern beigebracht."
Doch die war noch nicht fertig mit ihrer Erklärung. Versonnen schaute sie vor sich hin: „Wer mit Drogen in eine andere Welt reisen will, macht nicht nur sich selbst, er macht auch die Zukunft krank. Es gibt aber etwas ganz anderes, hört mal gut zu. Man kann auch mit klaren Gedanken wunderschöne Reisen machen – ohne Gefahr. Bei solchen Gedankenreisen ohne Drogen sind hilfreiche Kräfte zur Stelle. Sie leiten und beschützen einen."
Dankbar sah Mutter die Ältere an: „Das haben Sie den Kindern gut gesagt. Hoffentlich werden die beiden es nie vergessen."
Tobias aber stieß die Schwester vorsichtig mit dem Fuß und tuschelte: „Ob Großmutter was weiß von unseren Reisen?"
Da lächelte die Großmutter die Kinder verschmitzt an: „Wißt ihr, Gedanken sind manchmal wie kleine weiße Pferdchen mit Flügeln. Man kann sie selbst zügeln. Und man kann mit ihnen überall hinfliegen, wohin man nur will."
„Woher weißt du das?" platzte Kathrin heraus.
„Von der Eule Schuschuhu", antwortete die Großmutter. Dann stand sie auf: „Kommt, helft mir, den Tisch abräumen!"

Die Kinder taten es gerne. Sie versuchten dabei, Großmutter noch weiter ins Gespräch zu ziehen. Aber es gelang ihnen nicht. Was wußte Großmutter...?
Am Nachmittag fuhren Kathrin und Tobias mit Felix auf die Felder hinaus. Dabei kam das Gespräch wieder auf die Unterhaltung beim Mittagessen. „Großmutter ist prima", stellte Kathrin fest, „wie sie das alles erklärt hat."
„Ja", gab Felix zu, „manchmal hat sie recht gute Gedanken. Aber manchmal hat sie auch ganz verrückte Ideen. So seit längerer Zeit mit ihrer Eule Schuschuhu und jetzt mit den Gedankenpferdchen. Ich finde, seit Großvaters Tod ist Großmutter recht wunderlich geworden."
„Ich finde das gar nicht", verteidigte Tobias die alte Frau, „du solltest vielleicht mal darüber nachdenken, was sie damit meint."
Felix staunte: „Du glaubst ihr das?"
„Ja, ich glaube ihr", erklärte Tobias. Und er war dabei ganz stolz, daß er den Mut hatte, dem großen Felix seine eigene Meinung entgegenzustellen.
Kathrin strahlte den Bruder an. Der aber flüsterte ihr zu: „Morgen früh holen wir die zweite Perle."

Die zweite Perle

Am anderen Morgen gleich nach dem Frühstück liefen die Kinder auf die Wiese hinaus. „Schuschuhu hat gesagt, wir sollen uns unter einen Baum ins Gras legen und dann unsere Gedankenpferdchen rufen", sagte Kathrin, „nehmen wir doch gleich den Kirschbaum da drüben".

Tobias war da anderer Ansicht: „Unter einen Baum legen, dafür ist es heute morgen noch zu feucht vom Tau."

„Was dann?"

„Wir können unsere Gedankenpferdchen überall rufen, egal wo wir sind. Auch das hat Schuschuhu gesagt. Komm, gehn wir noch ein Stück, damit uns die vom Hof nicht sehen", schlug Tobias vor.

Der Weg schlängelte sich durch die Wiese in eine kleine Senke. Tobias drehte sich um: „Hier, meine ich, sind wir ungestört. Hier könntest du jetzt unsere Pferdchen rufen, Kathrin. Du bist heute dran."

Kathrin blickte zum blauen Himmel hinauf. Eine weiße Wolke zog dort gerade vorüber. Sah sie nicht aus wie ein Gedankenpferdchen? Eigenartig! Jetzt verschob sich die Wolke, und da..., da wurden aus ihr auf einmal zwei Wolkenpferdchen. Auch Tobias hatte das seltsame Schauspiel am Himmel beobachtet. „Ruf die Pferdchen, mach schon", sagte er.

Leise, immer den Blick nach den langsam dahinziehenden Wolken gerichtet, sprach Kathrin:

> „All die Gedanken,
> die um mich so ranken,
> sind Pferdchen mit Flügeln.
> Ich kann sie mir zügeln.
> Ich lasse sie kreisen
> und lasse sie reisen
> hinauf zu den Sternen,
> in zaub'rische Fernen.
> Sie bringen, welch Glück,
> mich heil stets zurück."

Da verwandelten sich die Wolken am Himmel in zwei große weiße Vögel, die langsam der Erde zuflogen. Sie kamen näher und näher. Nein, das waren gar keine Vögel! Das waren fliegende Pferdchen! Das waren Gedankenpferdchen! Bald standen sie schnaubend vor den Kindern. Die schwangen sich wieder fröhlich

auf die Rücken der Tiere. „Zu den Wurzelwichten, hü!“ rief Kathrin. Und schon flogen die Pferdchen mit den Kindern davon.
Die drei Wichte standen schon am Höhleneingang. Erfreut gingen sie auf die Kinder zu. „Fein, daß ihr so bald gekommen seid. Heute liegt eine Menge Arbeit vor euch. Wir hoffen, daß ihr es schafft“, sagte der große Wicht.
„Und welche Perle sollen wir heute holen?“ fragte Tobias.
„Die Perle des Tuns“, antwortete der kleine Wicht.
„Die Perle des Tuns, die Perle der guten Taten, o die ist auch sehr wichtig“, ergänzte der dritte Wicht.
„Und wo liegt die versteckt?“ wollte Tobias wissen.
„Wir werden's euch gleich zeigen“, sagte der große Wicht.
„Eure Gedankenpferdchen lassen wir am besten hier. Die können so lange auf der Wiese vor unserer Höhle warten.“
„Müssen wir wieder zur Burg der Habsuchtszwerge?“ fragte Kathrin etwas ängstlich.
Der große Wicht schüttelte den Kopf: „Nein, diesesmal nicht. Aber trotzdem solltet ihr auch heute vor Einbruch der Dunkelheit zurücksein, sonst könnten euch die Habsuchtszwerge vielleicht doch erwischen. Ist das klar?“
„Ja, wenn wir nur nicht wieder in diese düstere Burg müssen“, meinte Kathrin.
„Ihr bleibt sogar in unserem Wald hier“, erklärte der Wicht weiter. „Wir gehen nachher zusammen zum Rastplatz Hauenklinge. Dort in der Klinge, einer kleinen Schlucht, liegen viele Flaschen, alte Blechdosen, Plastiktüten und Becher. Wanderer haben sie dort einfach hineingeworfen.“
„Warum?“ fragte Kathrin.
„Weil sie zu faul waren, das Zeug in die Abfalltonne zu werfen, die am Rande des Rastplatzes steht“, antwortete der Wicht.
„Doch nun hört weiter zu. In einer dieser Blechdosen haben die Habsuchtszwerge die Perle des Tuns versteckt.“
„Wieso denn das?“ platzte Tobias heraus. „Warum haben sie diese Perle nicht mit in ihre Burg genommen?“
„Ja, das ist uns auch ein Rätsel“, gestand der Wurzelwicht.
„Jede der sieben Perlen der Zukunft haben sie an einem anderen Platz versteckt. Wahrscheinlich dachten sie, daß niemand diese Perle in den leeren Dosen in der Klinge suchen würde. Doch unsere kleinen Gnomen haben den Platz herausgefunden, das Versteck ausfindig gemacht, wo die Perle liegt.“
„Aber im Müll!“ entsetzte sich Tobias.
„Vielleicht dachten die Habsuchtszwerge, daß die Perle dort nie mehr gefunden wird. Und das wäre ihnen gerade recht. Ihr wißt ja, ohne ihre Perlen bleibt die

Zukunft krank. Und dann könnten die Habsuchtszwerge die ganze Welt, die Zukunft und uns beherrschen. Deshalb wohl haben sie die Perlen an den unmöglichsten Stellen versteckt."
„Puh", machte Kathrin, „eine Perle im Müll. Da müssen wir dann wohl alle Blechdosen absuchen?!"
„Ja, das müßt ihr", sagte der Wicht, „aber ihr solltet euch dabei beeilen, damit ihr vor Einbruch der Dunkelheit wieder bei uns in der Höhle seid."
„Ich versteh' das nicht recht", warf Tobias ein, „gestern hat uns das Gedankenpferdchen, das uns aus der Burg gerettet hat, gesagt, hier in eurem Wald seien wir sicher vor den Habsuchtszwergen".
„Das stimmt im Grunde schon", gab der Wurzelwicht zu, „aber ein großer Müllhaufen, das ist immer auch ein Platz für die Habsuchtszwerge. Wenn der Müll erst weg ist, dann ist auch die Gefahr vorbei. Doch solange die Perle noch in einer der Blechdosen liegt, könnte es durchaus sein, daß die Habsuchtszwerge mal kommen, um diesen Platz zu kontrollieren. Also habt acht und beeilt euch."
Während sich die Kinder mit dem großen Wurzelwicht unterhielten, hatten die beiden kleineren Wichte drei leere Säcke angebracht. Die verteilten sie jetzt an die Kinder. „Du bekommst zwei Säcke, weil du älter bist und kräftiger als deine Schwester", sagten sie zu Tobias.
Der große Wicht mahnte zum Aufbruch: „Kommt jetzt, wir sollten uns hier nicht mehr allzulange aufhalten."
Er stapfte gleich los. Die Kinder folgten mit den leeren Säcken. Den Schluß bildeten die zwei kleineren Wichte. Zunächst wanderten sie dem Waldrand entlang, dann auf einem Jägerpfad in den Wald hinein. Schließlich kamen sie auf einen breiteren Waldweg, in den sie nach links einbogen. Nach einer kurzen Strecke teilte sich dieser Weg. „Hier gehen wir nach rechts. Merkt's euch gut für den Rückweg, den müßt ihr nämlich alleine finden", sagte der große Wicht.
Der Kleine aber erklärte: „Das ist ganz einfach. Ihr müßt jetzt bloß immer wieder zurückschauen und euch merken, woher wir gekommen sind."
„Weiß ich", sagte Tobias stolz, „das hab' ich schon bei den Pfadfindern gelernt. So verläuft man sich nicht in fremdem Gelände und findet leichter den Weg zurück."
„Na, wenn du das weißt, dann kann ja nichts passieren", meinte der Wicht.
Sie stießen auf einen noch breiteren Forstweg. „Der hier führt direkt zum Rastplatz Hauenklinge", erklärte der dritte Wicht.
Es ging durch einen wunderschönen Hochwald. Die Sonne schien durch die Bäume und zauberte mit den Blättern und dem Wind Schattenspiele auf den Weg. Die Kinder und die Wurzelwichte mußten nicht mehr lange gehen, da sa-

hen sie auch schon den Rastplatz. Er war von Waldarbeitern recht hübsch gerichtet mit einem Holztisch, Balkenbänken und sogar einer Feuerstelle. Aber in der Klinge, der kleinen Schlucht gleich neben dem Rastplatz, da sah es wüst aus: Plastiktüten und Becher, Blechdosen, Flaschen und allerlei Unrat hatten Wanderer dort hineingeworfen. Scheußlich war das!

Kathrin griff sich entsetzt an den Kopf: „Ach du liebe Zeit! Und in diesem Dreck, in diesem Abfall sollen wir eine Perle finden. Das ist doch unmöglich!"

„Es ist möglich, wenn ihr euch nur Mühe gebt", sagte der große Wicht. Aber ihr sollt nicht nur die Perle finden. Ihr sollt auch den Unrat wegräumen, damit die Habsuchtszwerge hier nicht mehr erscheinen. Dafür haben wir euch die Säcke mitgegeben."

Tobias schaute die Wichte etwas verwundert an: „Warum habt ihr eigentlich die Perle nicht längst selber gesucht, wo sie doch so nahe bei euch in eurem Wald versteckt ist?"

Erschrocken zuckten die Wichte zusammen. Der Kleinste aber erklärte: „Wir Naturwesen dürfen den Dreck, den Abfall, den Menschen in den Wald geschüttet haben, nicht berühren, sonst werden wir krank und müssen gar sterben."

„Entschuldigt, das hab' ich nicht gewußt", sagte Tobias.

Dann wandte er sich an die Schwester: „Komm, Kathrin, wir fangen gleich an!"

Die Wurzelwichte strahlten. Dann machten sie kehrt und liefen quer durch den Wald wieder zurück.

Schlimme Fallen

Kathrin und Tobias kletterten mit ihren Säcken in die Klinge hinunter. Hu, sah's da aus! Wo anfangen? Kathrin wollte zuerst die Blechdosen einfach umkippen und dann in einen der Säcke stecken, aber der Bruder hielt sie zurück: „Du mußt jede einzelne Blechdose sorgfältig nach der Perle absuchen. Erst dann kannst du sie in den Sack stecken." Ach, das war eine mühsame Arbeit. Der Unrat wurde kaum weniger. Die Kinder kamen nur langsam vorwärts.
Kathrin wurde ungeduldig: „Diese Perle finden wir nie."
Tobias trieb die Schwester an: „Du wirst doch nicht jetzt schon schlapp machen. Wir haben ein Ziel, das müssen wir erreichen. Du willst doch die Wurzelwichte und die kranke Zukunft nicht enttäuschen."
Nein, das wollte Kathrin nicht. Und so suchte sie eifrig weiter. Aber dann stieß sie einen Schrei aus: „I gitt, Tobias, da krabbelt was!" Sie ließ die Blechdose, die sie eben aufgehoben hatte, wieder fallen.
Tobias eilte zu der Schwester. Aus der Blechdose vor ihr krochen einige Käfer heraus. „Die tun dir doch nichts", lachte Tobias. „Ich bin nur so erschrocken", gestand Kathrin.
Nun aber geschah etwas, das den Kindern fast den Atem raubte. Die kleinen Tiere begannen zu sprechen. „Diese Blechdose ist eine heimtückische, eine schlimme Falle. Da wird man angelockt durch süßen Saft, und schon ist man gefangen", schimpfte ein dicker brauner Käfer. „Aber man hat uns befreit, man hat uns befreit", jubelte ein grünschillerndes Käferpaar. Die anderen Käfer suchten aufgeregt das Weite. „Nur weg von hier, nur weg von hier!" riefen sie.
„Wir müssen weitermachen", mahnte Tobias.
Noch mehr Käfer und Kleintiere konnten die beiden in den nächsten Stunden aus den Blechdosen befreien. In anderen Dosen fanden sie nur Dreck und Schlamm. Aber eine Perle kam nirgends hervor.
Erschöpft ließ sich Kathrin auf einem Baumstumpf nieder: „Ich kann nicht mehr..."
„Ruh' dich ein wenig aus", sagte Tobias nachsichtig, „aber aufgeben dürfen wir nicht."
Kathrin atmete tief die frische Waldluft ein. Dabei war ihr, als schickten ihr die Bäume rund um die Klinge Kräfte zu. Sie war auf einmal gar nicht mehr müde. „Ich mach' schon weiter", sagte sie und griff nach der nächsten Blechdose. Da schimmerte etwas Rundes, Weißes aus dem Schlamm heraus.
„Die Perle!" jubelte Kathrin.

Tobias sprang über Steine und Geröll zur Schwester hinüber, die vorsichtig die weiße Perle aus dem Schlamm zog. Kathrin strahlte: „Da schau nur!"
Aber Tobias machte ein enttäuschtes Gesicht: „Das ist keine Perle, Kathrin. Das ist ein kleiner runder Kieselstein, weiter nichts."
Nun war Kathrin dem Weinen nahe: „Und ich hab' mich schon so gefreut..."
„Ich ja auch", gab Tobias zu, „aber es hilft nichts. Wir müssen weitersuchen."
Mit der Zeit dauerte die Sache auch Tobias zu lange. Ungeduldig öffnete er eine Blechdose nach der anderen und steckte sie in seinen zweiten Sack. Der erste war schon knallvoll.
Da, ein Schrei...
„Was ist?" fragte Kathrin.
„Ich habe mich an einer der blöden Dosen geschnitten."
„Wart', ich komme."
Mit ihrem Taschentuch verband Kathrin dem Bruder vorsichtig den blutenden Finger.
Da raschelte es plötzlich im Gesträuch. Erschrocken schauten die Kinder auf. Was war das? – Jetzt ein Grunzen... Ein dicker Kopf kam aus dem Gebüsch hervor... Und dann stand es vor ihnen in der Klinge, gleich neben den vollen Säcken, das mächtige Wildschwein.
Tobias legte den Arm um die Schwester, die neben ihm stand: „Nicht rühren, Kathrin, bleib jetzt ganz ruhig. Ein Wildschwein, das ist nicht ungefährlich."
„Euch tu ich doch nichts", grunzte da das Wildschwein, „ich wollt' euch nur sagen, daß mir's genauso gegangen ist, wie dem Jungen da. Nein, noch schlimmer! Ich hab' mir meinen Rüssel an diesen dummen Blechdosen verletzt. Ist heute noch nicht ganz verheilt. Und vielen Waldtieren ist noch Schlimmeres passiert. Macht nur weiter, ihr beiden. Ich tu euch nichts. Aber zuschauen möcht ich, wie ihr das Zeug wegräumt."
Die Kinder atmeten erleichtert auf. Dann sahen sie auch die anderen Tiere, die jetzt angehoppelt, angesprungen und angekrochen kamen: Hasen, Rehe, Igel. Sie alle setzten sich an den Rand der Klinge und erzählten den Kindern, wann und wo sie sich hier verletzt hatten. Auch die Vögel der Umgebung gesellten sich zu ihnen.
„Das hab' ich auch nicht gewußt, daß einfache Blechdosen für Tiere so gefährlich sein können", sagte Tobias. Dann fiel sein Blick auf eine mit Klebestreifen verschlossene Blechdose. Was sollte das wohl? Die anderen Dosen waren alle offen oder hatten wenigstens ein großes Loch, das die Leute zum Austrinken hineingestoßen hatten. Aber zugeklebt? Wer macht das schon? Etwa die Habsuchtszwerge? War das etwa das Versteck der Perle?

Tobias holte die Blechdose, löste den Klebestreifen und hob den Deckel ab. Papierschnitzel, nichts als Papierschnitzel... Aber da, klapperte da nicht etwas auf dem Boden der Blechdose? Der Junge kippte sie vorsichtig in seine Hand... Und da, da lag sie zwischen den restlichen Papierschnitzeln, die langgesuchte Perle, die Perle des Tuns.
„Ich hab' sie, ich hab' sie", rief der Junge erfreut, „ich habe die Perle gefunden!" Er hielt sie zwischen zwei Fingern in die Höhe und zeigte sie Kathrin und den Tieren. Die jubelten laut auf, jedes in seiner Stimme, seiner Sprache. Das war ein Grunzen, Röhren, Schnauben und Zwitschern! Und dann geschah noch etwas Wundersames: An den Stellen, an denen die Kinder den Abfall schon weggeräumt hatten, krochen jetzt aus der Erde und zwischen den Steinen kleine Gnomen hervor. „Könnt ihr uns nicht den Rest des Zeugs auch noch wegräumen, auch wenn ihr die Perle jetzt gefunden habt?" baten sie.
„Klar, machen wir", versprach Tobias. Vorsichtig steckte er die kostbare Perle in seinen Geldbeutel. Flink und frohgemut warfen die Kinder noch den restlichen Unrat in den dritten Sack. Das ging jetzt recht schnell vorwärts. Sie mußten ja die Perle nicht mehr suchen. Als die letzten Flaschen, die letzten Blechdosen und die letzten Plastikbecher und -tüten im Sack waren, klatschten Kathrin und Tobias vergnügt in die Hände: „Hurra, wir haben's geschafft. Wir haben die Perle des Tuns gefunden, und wir haben hier aufgeräumt."
Jetzt kamen noch mehr Gnomen aus der Erde und den Steinen. Über dem Farn aber schwebten kleine Elfen. Sie alle sangen fröhlich:

„Der Dreck ist weg, die Erde frei,
es freu'n sich Stein und Pflanzen.
Ihr Gnomen, Elfen kommt herbei,
wir können wieder tanzen!"

Dann faßten sich die kleinen Kerlchen bei den Händen und tanzten in der Klinge auf und ab. Die Kinder sahen vergnügt dem munteren Treiben zu. Jetzt brauchten sie ja keine Angst mehr vor den Habsuchtszwergen zu haben. Der Unrat, der Müll war weg. Allerdings... die Säcke standen noch da...
Plötzlich ertönte tief aus dem Wald eine dunkle Stimme:
„Wo ist der Müll, wo ist der Unrat?"
Die Habsuchtszwerge?
Gleich darauf erschien oberhalb der Klinge eine unheimliche Gestalt, ein Riese. Er sah aus wie ein Baumstamm. Sein Gesicht war grob und knorrig. Wild hingen ihm die Haare ins Gesicht. Es waren grüne Binsen.

Kathrin und Tobias hielten sich ängstlich aneinander fest. Wer war das? Wollte er etwa auch die Perle haben? Wollte er sie ihnen wegnehmen?
„Komm herunter, Waldschratt, komm herunter in die Klinge. Hier stehen die Säcke mit dem bösen Zeug“, riefen die Gnomen dem unheimlichen Kerl zu.
Tobias schnappte sich einen Gnom: „Du, Kleiner, sag', wer ist das und was will er hier, der unheimliche Riese?“
Der Gnom lachte: „Das ist unser Waldschratt. Macht keine so ängstlichen Gesichter. Der tut euch nichts. Der ist gutmütig. Sieht nur so unheimlich aus.“
„Und was will der hier?“ fragte Tobias weiter.
„Der Waldschratt holt euch eure vollen Säcke aus der Klinge heraus“, antwortete der Gnom, „die wären für euch jetzt doch viel zu schwer. Die Wurzelzwerge haben den Waldschratt hierher geschickt. Das wissen wir. Er will euch nur helfen.“
Ja, daran hatten die Kinder eigentlich noch gar nicht gedacht, wie sie die schweren Säcke aus der Klinge hochbringen sollten.
Inzwischen war der Waldschratt, der wandernde Baumstamm, in der Klinge angekommen. Groß und mächtig stand er vor den Kindern und lobte: „Fein habt ihr das gemacht. Ich danke euch im Namen der Waldtiere, der Käfer wie der Wildschweine und all der anderen.“ Dann stemmte er seine kräftigen Arme in die Hüfte: „So, und jetzt werde ich das Zeug zu den Feuergeistern tragen, die tief im Erdinnern wohnen. Die sollen sehen, wie sie damit fertig werden. Ich kenne da einen geheimen Schacht...“
„So etwas sollten wir Menschen auch haben“, stellte Tobias fest, „kannst du uns diesen Schacht nicht verraten?“
Der Waldschratt schüttelte den mächtigen Kopf: „Nein, das kann und darf ich nicht. Zu den Feuergeistern im Erdinnern habt ihr Menschen keinen Zugang. Macht nicht so viel Müll, das ist der beste Weg für euch. – Doch jetzt laßt mich die Säcke fortschaffen.“
Er griff sich den ersten Sack, den zweiten und auch noch den dritten. Dann stapfte er schwerfällig bergan und durch den Wald davon.
Kathrin und Tobias aber wanderten zu den Wurzelwichten zurück und überreichten ihnen die zweite Perle. Dann stiegen sie auf ihre Gedankenpferdchen und flogen nach Hause.
„Kommt morgen wieder“, riefen ihnen die Wurzelwichte nach.

Kennt „Pit“ Gnomen?

Es war kurz nach halb zwölf, Mittagszeit, als Kathrin und Tobias auf dem Bauernhof ankamen. Großmutter wollte eben den Tisch in der großen Stube dekken. „Ihr kommt gerade recht, um mir zu helfen“, sagte sie, als sie die Kinder sah. Kathrin holte die Teller aus dem Schrank, Tobias zog das Besteck aus der Schublade. Dabei versuchten die beiden, Großmutter ein wenig auszuhorchen, über die Eule Schuschuhu und überhaupt, was sie so wußte.
Doch Großmutter sprach nicht viel, ließ sich nicht aushorchen. Sie lächelte nur still vor sich hin. Erst beim Mittagessen, als sich alles um den großen Tisch versammelt hatte, wurde sie gesprächig. „Für heute nachmittag hat unser Lehrer wieder zu einer Aufräumeaktion im Wald eingeladen“, erzählte sie, „die Buben und Mädchen vom Dorf treffen sich mit ihm auf dem Waldparkplatz.“
Felix grinste. „Ach, der Naturschützer, der Naturapostel ist wieder am Werk“, spöttelte er.
Zum erstenmal erlebten die Kinder, daß Großmutter ärgerlich wurde. „Du spotte nur“, fauchte sie, „du gehörst auch zu denen, die ihre Zigarettenschachteln überall herumschmeißen. Mitten auf der Wiese, mitten auf dem Weg, mitten im Wald hab’ ich schon deine Schachteln gefunden“.
„Woher weißt du, daß es gerade meine waren?“ versuchte Felix, sich zu verteidigen.
„Erstens war’s deine Marke und zweitens hab’ ich dich schon des öfteren beobachtet, wie du sie weggeworfen hast“, schimpfte die Großmutter. „Da muß dann schon so ein junger Lehrer kommen, der Verständnis hat für die Schönheit und Sauberkeit der Natur, in der wir leben. Der räumt dann deinen Dreck wieder weg.“
Felix lief rot an und sagte nichts mehr.
„Was tun die Kinder vom Dorf und der Lehrer auf dem Waldparkplatz?“ fragte Tobias.
Großmutter seufzte leise: „Ach, weißt du, das ist eigentlich eine traurige Sache. Sie räumen den Wald auf. Da kommen nämlich jeden Sonn- und Feiertag, an dem schönes Wetter ist, die Leute von der Stadt in Scharen angefahren. Ihr Vesper bringen sie mit. Und wenn sie’s aufgegessen haben, werfen sie ihre Papier- und Plastiktüten, ihre Bierflaschen, Saftdosen und Zigarettenschachteln einfach in den Wald, als ob der eine Müllkippe wäre. Dem jungen Lehrer gefällt das nicht. Der liebt die Natur wirklich, tut nicht nur so. Deshalb räumt er mit seinen Schülern und anderen Kindern vom Dorf ab und zu den Dreck im Wald weg.“
„Und seine Schüler machen da mit?“ fragte Tobias weiter.

„Ja, die machen alle mit, fast alle", sagte die Großmutter und strahlte wieder übers ganze Gesicht. „Die gehen nämlich für ihren Lehrer durchs Feuer, für diesen Lehrer. Sie spüren genau, daß er's ehrlich meint mit ihnen, mit der Natur und mit der Zukunft. Die jungen Menschen haben noch ein Gespür für diese Dinge." Dann schaute sie die beiden Kinder an: „Ihr könntet da eigentlich auch mitmachen."
„Warum nicht", sagte Tobias, und zur Schwester: „Du bist doch auch dabei, Kathrin?"
„Klar mache ich mit", sagte das Mädchen.
„Wann geht's denn los?" wollte Tobias wissen.
„Um 14 Uhr auf dem Waldparkplatz", antwortete die Großmutter.
„Das ist schön, daß ihr da mitmacht", lobte der Bauer seine jungen Gäste. Auch die Bäuerin freute sich: „Und sogar einen halben Ferientag opfert ihr dafür."
„Das machen wir doch gerne", erklärte Kathrin. Am liebsten hätte sie gesagt: „Das haben wir ja heute morgen schon getan." Aber sie schluckte die Worte hinunter. Das war alles so seltsam, diese merkwürdigen Zusammenhänge...
Die Eltern schauten ihre Kinder verwundert an. Eine freiwillige Arbeit – so kannten sie ihre beiden noch gar nicht. Aber auch sie freuten sich.
Am Nachmittag lernten Kathrin und Tobias dann den jungen Lehrer vom Dorf kennen. Neumann hieß er, aber alle sagten „Pit" zu ihm. Er war tatsächlich nett, ein richtiger Kumpel. Mit seiner Fröhlichkeit, seinen lustigen Augen riß er jeden mit.
„Den sollten wir bei uns haben", bemerkte Tobias.
Pit hatte Säcke mitgebracht, Jutesäcke. Sie sahen genauso aus wie die Säcke, die auch die Wurzelwichte den Kindern mitgegeben hatten.
Die Arbeit im Wald ging schnell und vergnügt vorwärts. Kathrin und Tobias freuten sich, wieder einmal mit anderen Kindern zusammenzusein und sie schlossen auch kleine Freundschaften, jeder für sich. Tobias erkundigte sich noch nach dem Rastplatz Hauenklinge. Aber keines der Dorfkinder kannte diesen Platz. Auch Pit hatte noch nicht von einem Rastplatz Hauenklinge gehört. „Müßte ich eigentlich wissen", meinte er, „und der soll hier bei uns liegen?"
„Vergiß es", sagte Tobias verlegen, „wahrscheinlich hab' ich falsch gehört." Kathrin aber gab dem Bruder einen Puff: „Du, der Rastplatz Hauenklinge kann doch gar nicht hier sein. Der liegt doch weit weg im Wald bei den Wurzelwichten."
„Weiß ich", tuschelte Tobias, „ich wollte doch nur sicher gehen."
Als die Säcke voll waren, rief Pit die Kinderschar zusammen. Er hielt eine Blechdose in der Hand und fragte: „Könnt ihr euch vorstellen, daß so eine Dose gefährlich sein kann für Tiere?"

„Ja“, meldete sich Tobias, „das ist eine Falle für Käfer. Sie werden angelockt durch die Reste von dem süßen Zeug, das da drinnen war, und dann kommen sie nicht mehr heraus.“
„Und die großen Tiere können sich daran die Pfote oder die Schnauze verletzen“, fügte Kathrin hinzu.
Erstaunt meinte der Lehrer: „Das ist ja toll, daß ihr das wißt.“ Dann zog er eine Plastiktüte aus einem Sack: „Und Plastiksachen sind auch vom Übel. Die verrotten nicht wie Papier, bleiben ewig im Wald, wenn wir sie nicht wegräumen.“
„Und die Gnomen“, sagte Kathrin leise, „die Gnomen können dann nicht mehr tanzen.“
Pit schaute das kleine Mädchen überrascht an: „Die Gnomen, ja, du hast recht, die Gnomen können um den Unrat, den die Menschen im Wald zurücklassen, nicht mehr tanzen.“
„Gibt's denn Gnomen im Wald?“ fragte ein Dorfkind.
„Ja, die gibt's“, antwortete Pit. „Das sind geheimnisvolle Kräfte. Nur wenige Menschen können sie sehen, nur wenige können sie spüren.“
Zum Abschied gab der Lehrer Kathrin und Tobias die Hand: „Danke, daß ihr gekommen seid. Ihr wart die ersten Ferienkinder, die bei uns mitgemacht haben. Es wäre schön, wenn wir uns bald wieder sehen könnten. Ich habe hier noch einiges vor. Würdet ihr kommen?“
„Bestimmt“, versprach Tobias.
In dieser Nacht konnte Kathrin lange nicht einschlafen. Zwar war sie sehr müde, aber es ging einfach nicht. Sie mußte immer an Pit denken. Er hatte wohl schon Gnomen gesehen. Kannte er auch die Wurzelwichte, die Eule Schuschuhu? Vielleicht könnte man einmal mit ihm darüber reden. Das wäre schön! „Pit ist sicher gesprächiger als Großmutter“, dachte Kathrin. Dann schlief sie schließlich doch noch ein.

Die dritte Perle

„Ich hab' eine Überraschung für euch", sagte der Vater beim Frühstück, „heute machen wir alle vier zusammen eine Radtour. Es ist herrliches Wetter, nicht allzu heiß... Freut ihr euch?" Tobias und Kathrin sahen sich verstohlen an und machten lange Gesichter.

„Was soll das heißen? Mutter und ich, wir dachten, ihr seid begeistert."

„Ja..., schon..." druckste Tobias herum, „eine Radtour mit euch, das wäre schon schön, aber wir hatten eigentlich etwas anderes vor."

Jetzt mischte sich Mutter ein: „Was ist nur los mit euch beiden. In den letzten Tagen wart ihr stundenlang weg und niemand wußte, wo ihr euch herumgetrieben habt. Was macht ihr bloß?"

„Das ist unser Geheimnis", erklärte Kathrin.

Großmutter schmunzelte. Die Mutter sah es und fragte die alte Frau: „Wissen sie vielleicht, was die beiden da die ganze Zeit anstellen?"

Die Alte wiegte den Kopf hin und her: „Ich ahne es. Lassen sie den Kindern ihr Geheimnis, bitte. Es ist ein gutes Geheimnis." Der Bauer sah seine Mutter streng an: „Hast du den beiden etwa irgendwelche Flausen in den Kopf gesetzt?"

„Nein", antwortete die Großmutter, „ich war's nicht. Vielleicht war's die Eule Schuschuhu."

Felix lachte: „Jetzt wird's ganz verrückt." Er stand auf und verließ die Stube.

„Wann wären wir denn von der Radtour zurück?" wollte Tobias wissen.

„Wenn wir gleich losfahren, denk ich... so gegen Mittag."

Die Kinder tauschten einen Blick. „Dann starten wir eben mal nachmittags", tuschelte Kathrin. Tobias nickte: „Gut", und zum Vater: „Also wir kommen mit."

„Wenn's dem Herrn Sohn und dem Fräulein Tochter beliebt – also dann los! Holt eure Räder."

Die Radtour mit den Eltern war dann doch recht schön, so schön, daß die Kinder fast die dritte Perle für die kranke Zukunft vergessen hätten. Auch später beim Mittagessen dachten sie nicht mehr daran. Begeistert erzählten sie von der Fahrt mit den Eltern. „Und was macht ihr heute nachmittag?" fragte Großmutter dazwischen. Da fiel den beiden plötzlich wieder ihr Versprechen ein, das sie den Wurzelwichten gegeben hatten. Ihr Versprechen, die dritte Perle zu suchen.

„Geht schon in Ordnung, Großmutter", sagte Kathrin, und ein seltsames Verstehen schwang sich von dem kleinen Mädchen zu der alten Frau.

Gleich nach dem Essen zogen die Kinder los. Wieder wanderten sie über die Wiese in die kleine Senke hinab. „Diesesmal legen wir uns aber unter den Kirschbaum, wie Eule Schuschuhu gesagt hat", schlug Kathrin vor, „die Wiese ist jetzt trocken." Tobias war einverstanden.
Sie gingen zum Kirschbaum hinüber. Tobias warf sich gleich ins Gras. Kathrin beobachtete die ziehenden Wolken und suchte nach Wolkenpferdchen. Da merkte sie, daß der Bruder eingeschlafen war. „Tobi, aufwachen", rief sie, „du mußt doch jetzt die Gedankenpferdchen rufen."
„Bin ich heute dran?" fragte Tobias schläfrig. Doch plötzlich war er hell wach: „Du hast recht, ich muß die Pferdchen rufen. Wir sind heute eh schon spät dran." Er stand auf, sah in die Wolken und sprach den Vers, den sie von der Eule gelernt hatten:

„All die Gedanken,
die um mich so ranken,
sind Pferdchen mit Flügeln.
Ich kann sie mir zügeln.
Ich lasse sie kreisen
und lasse sie reisen
hinauf zu den Sternen,
in zaub'rische Fernen.
Sie bringen, welch Glück,
mich heil stets zurück."

Da verwandelten sich am blauen Himmel wieder zwei weiße Wolken. Sie wurden zu zwei großen Vögeln, die langsam zur Erde flogen. Und als sie näher kamen, da waren es auf einmal die zwei Gedankenpferdchen. Sie ließen die Kinder aufsitzen und flogen mit ihnen davon.
Die Wurzelwichte standen ungeduldig vor der Höhle, als die Kinder ankamen. „Bleibt sitzen, nicht erst absteigen", riefen sie, „ihr müßt gleich weiterfliegen. Die Weberin der Zeit erwartet euch."
„Wer ist das, die Weberin der Zeit?" fragte Kathrin.
„Das ist eine wundersame Künstlerin", antwortete der große der drei Wichte, „sie webt aus geheimnisvollen Fäden ein Gewand für die Zukunft."
Tobias klopfte den Rücken seines Gedankenpferdchens. „Und wo finden wir diese Weberin der Zeit?"
„Auf der Alm eines geheimnisvollen Zauberberges, weit, weit weg von hier."
„Auf einem Zauberberg?"

„Ja, dort auf der Alm steht der geheimnisvolle Hof der Weberin. Nur sie weiß, wo ihr die dritte Perle finden könnt."
„Und die Habsuchtszwerge, sind die dort auch?" fragte Tobias.
„Nein, vor denen braucht ihr euch nicht zu fürchten. Sie haben die Perle zwar im Reich der Weberin versteckt, aber sie sind nie wieder dorthin gekommen. Sie haben dort anscheinend ein Versteck, von dem sie denken, daß es nie aufgedeckt werden kann. Doch nun beeilt euch, es ist schon spät."
Die Gedankenpferdchen schüttelten die weißen Mähnen. „Zur Weberin der Zeit", rief Tobias. Da flogen sie mit den Kindern auf, hoch und immer höher, bis in die Wolken empor.
Es war eine lange Reise, übers Meer, über hohe, verschneite Berge hinweg in ein fremdes Land. Auch hier gab es Wiesen und Wälder. Ein weites Tal breitete sich aus. Aus diesem Tal ragte ein felsenzerklüfteter Berg empor. „Dorthin werden wir euch bringen", wieherten die Gedankenpferdchen, „hier lebt die Weberin der Zeit."
„Warum heißt er Zauberberg? Wohnt dort ein Zauberer?" fragte Kathrin ihr Pferdchen. Das schüttelte die Mähne und sagte: „Nein, ein Zauberer wohnt dort nicht. Aber auf dem Zauberberg geschieht viel Zauberhaftes. Ihr werdet's sehen."
„Und warum heißt diese Weberin ‚Weberin der Zeit'?" fragte Tobias. „Weil sie mit ihrem Webstuhl das bunte, das helle und dunkle Treiben der Gegenwart einwebt in ein Gewand für die Zukunft. Sie tut dies über alle Zeiten hinweg", antwortete sein Pferdchen.
„Das begreif' ich nicht", gestand Tobias.
„Die Weberin wird's euch sicher erklären", versprach das Pferdchen „es gibt hier viel Wundersames, viel Zauberhaftes."
Inzwischen flogen sie hoch über dem Berg. Ein Stück unter dem Gipfel lag eine Alm. Am Rande dieser Alm, die Hänge hinaufziehend, wuchs Flachs, nichts als blauschimmernder Alpenflachs. Jetzt wieherten die Gedankenpferdchen fröhlich: „Da unten, schaut, der große Hof. Hier wohnt und wirkt die Weberin der Zeit. Wir sind am Ziel."
Sie ließen sich langsam auf die Alm hinabgleiten. Dann standen sie auf der Weide am Rand eines Felsenhanges. Herrliche Alpenblumen blühten hier, Edelweiß, Enzian und Alpenrosen.

Bei der Weberin der Zeit

Nur ein paar Schritte von der Weide entfernt lag der Hof der Weberin. Kathrin und Tobias gingen erwartungsvoll darauf zu. Die Türe stand offen. Sie traten in eine Stube, in deren Mitte ein mächtiger Webstuhl stand. Vor ihm saß eine schmale weißhaarige Frau und webte. Sie summte leise vor sich hin und schien ganz in ihre Arbeit vertieft. Über dem Webstuhl baumelten von der Decke herab viele silberne Glöckchen, große und kleine. Hie und da schlug eines der Glöckchen an. Sein zarter Ton schwebte dann durch den Raum hinaus ins weite Land. Kathrin und Tobias blieben staunend stehen. „Sollen wir sie jetzt stören?" fragte Kathrin den Bruder. Der wußte auch nicht recht, wie sie sich bemerkbar machen sollten. Da fing auf einmal das seltsame Glockenspiel zu klingen an. Die Weberin schaute empor: „Ach, sie sind jetzt da..." Dann stand sie auf und ging den Kindern entgegen: „Ich freue mich, daß ihr gekommen seid. Mein Glockenspiel hat es mir soeben angekündigt."

Tobias schaute auf den Boden: „Ist hier irgendwo ein Kontaktstreifen, der das Glockenspiel elektronisch auslöst?"

Die Weberin lachte: „Nein, so etwas gibt's bei mir nicht. Hier geschieht alles wie von selbst, auf wundersame Weise. Das ist ein Geheimnis, schwer zu begreifen. Damit ihr's wenigstens halbwegs versteht, will ich euch zuerst mal meinen Webstuhl zeigen. Kommt!"

Sie gingen zum Webstuhl. Dort waren auf einem breiten Rahmengestell viele goldene Fäden senkrecht gespannt. „Habt ihr schon einmal einen Webstuhl gesehen?" fragte die Weberin. Die Kinder verneinten. Da erklärte die weißhaarige Frau:

„Diese vielen längsgespannten Fäden nennt man in der Sprache der Weber die ‚Kette'. Die Kette steht fest, und in diese Kette hinein webt man andere Fäden quer. Jene Fäden nennt man den ‚Schuß', weil man sie hineinschießt mit einem kleinen hölzernen Gerät, das wir Weber das ‚Schiffchen' nennen."

Sie zeigte den Kindern ein Stückchen Holz, das innen hohl war und an beiden Seiten spitz zulief. Da hinein legte sie nun eine Spule mit aufgewickeltem Garn. Jetzt ließ sie das „Schiffchen" durch die Fäden des Rahmens, durch die Kette sausen, von links nach rechts, von rechts nach links, hin und her, hin und her... ein Gewebe entstand.

„Bei jedem Webstuhl ist das so", erklärte die alte Frau, „aber mein Webstuhl hier ist etwas Besonderes, Einmaliges. Es ist der Webstuhl der Zeit. Auf ihm webe ich den Stoff für die Gewänder der Zukunft."

„Und warum ist das ein besonderer Webstuhl?“ wollte Kathrin wissen, „nur weil du darauf den Stoff für die Gewänder der Zukunft webst?“
Die Weberin sah das kleine Mädchen aufmerksam an: „Das ist eine gute Frage, mein Kind. Paßt auf, ich werd's euch erklären.“ Sie zeigte auf den Rahmen, auf dem die goldenen Fäden der Kette gespannt waren: „Da schaut, die Kette. Sie steht fest – das habe ich euch schon gesagt. Bei einem gewöhnlichen Webstuhl besteht die Kette aus ganz normalen Fäden. Das Garn meiner Kette aber wurde aus Sonnengold gesponnen. Es ist ein Geschenk des großen Schöpfers für die Menschen. Seine goldene Kette hält die hellen und dunklen Fäden zusammen auf dem Webstuhl der Zeit.“
Kathrin dachte nach... „Und die Schußfäden, die da hineingewoben werden, sind die auch etwas Besonderes?“
„Ja, das sind sie. In dem bunten Garn, den bunten Fäden, die ich in die Kette hineinwebe, liegen verborgen die Gedanken und Taten der Menschen.“
Kathrin schien das irgendwie zu begreifen. Sie war noch nicht so stark in der nüchternen technischen Welt der Erwachsenen zuhause wie ihr Bruder. Tobias aber hatte Schwierigkeiten mit dem, was die Weberin der Zeit da erzählte.
„Das mit dem Garn für die Kette, das aus Sonnengold gesponnen ist, das mag ja noch angehen auf eurem Zauberberg hier“, bemerkte er, „aber erklär' mir mal, wie sollen Gedanken und Taten von uns Menschen ins Garn hineinkommen, das da eingewoben wird. Das ist mir schleierhaft.“
Die Weberin nickte verständnisvoll: „Ja, das ist schwer zu verstehen für ein Menschenkind. Ich kann's dir vielleicht besser erklären, wenn wir zu den Spinnerinnen gehen. Kommt mit.“
Sie öffnete eine Türe, die zu einem zweiten Raum führte. Dort saßen zwölf junge Frauen an zwölf Spinnrädern und spannen Garn aus dem Alpenflachs, den sie geerntet hatten.
„Das sind die Nornen der Gegenwart, die das Garn für meinen Webstuhl spinnen“, erklärte die Weberin. „Ihr solltet sie mal genau beobachten. Sie drehen aus den Fasern des Flachses den Faden. Dabei geschieht etwas Wunderbares. Bemerkt ihr etwas?“
Gespannt schauten die Kinder zu. „Da, das ist doch nicht möglich“, rief Tobias auf einmal, „in den Händen der Spinnerinnen färbt sich das Garn, da in rot, da in grün, dort in schwarz, in gelb... aber ich sehe keine Farben. Wo kommen die Farben her?“
„Die Farben, die bunten, die hellen und die dunklen, das sind die Farben der Gedanken und Taten der Menschen“, erklärte die Weberin. „Diese Gedanken und

Taten spüren die Nornen auf wundersame Weise und geben sie hinein in die Fäden, die sie spinnen."
Tobias überlegte: „Ein bißchen komm' ich jetzt hinter die Sache. So etwas ähnliches gibt es auch bei unseren Computern. Da wird wohl auf der Erde bei uns Menschen etwas eingegeben, das ihr hier oben empfangt."
Die Weberin lächelte nachsichtig: „Wenn dir die Erklärung mit dem Computer hilft, dann lassen wir's damit gut sein. Nur wisse, wir brauchen keine Computer. Das, was ihr Menschen jetzt mit all eurer Technik macht, das haben wir hier schon lange – ohne Technik. Das steckt im Geheimnis der Schöpfung. Wir sollten es dankbar annehmen, nicht alles ergründen wollen. Und deshalb seid ihr ja auch gar nicht hergekommen."
Sie schaute die Kinder lange an, dann fragte sie: „Wollt ihr wirklich die dritte Perle, die Perle der Hoffnung suchen? Das ist keine leichte Aufgabe."
„Ja, das haben wir versprochen", sagte Kathrin.
„Die Wurzelwichte meinen, daß du weißt, wo sie zu finden ist", ergänzte Tobias.
„Ja, das weiß ich. Unsere Gnomen haben mir's verraten. Sie haben gesehen, wo die Habsuchtszwerge die Perle versteckten."
„Und wo sollen wir sie suchen?"
„Sie liegt in einer Felsritze in einem Hohlraum zwischen Wasserfall und Fels", antwortete die Weberin.
„Wo ist dieser Wasserfall?" fragte der Junge weiter.
„Unten im Tal."
„Hu, da drunten!" erschrak Kathrin.
„Der Abstieg ist nicht so schlimm, wie er aussieht", tröstete die Weberin. „Ich zeige euch einen Pfad, der dem Bach entlang abwärts führt."
„Und wie geht's dann weiter?" wollte Tobias wissen.
Der Bach mündet unten in einen Fluß. Diesen Fluß müßt ihr überqueren und dann ein gut Stück flußabwärts wandern."
„Wie weit etwa?"
„Das weiß ich nicht genau", gab die Weberin zu. „Aber wenn ihr die ersten Felsen seht, dann ist auch der Wasserfall nicht mehr weit. Er schwingt sich in weitem Bogen über einen Felsen hinweg in das unter ihm liegende Flußbett. So entsteht zwischen dem Felsen und dem Wasserfall ein schmaler freier Raum."
„Und dort liegt die Perle?"
„Ja, dort liegt die Perle in einer Ritze des Felsens. Dort könnt ihr sie suchen."
„Dann gehen wir doch gleich los", schlug Tobias vor.
Die Weberin schüttelte den Kopf: „Noch nicht. Ich will euch zuerst noch etwas mitgeben zu eurem Schutz. Der Weg, den ihr vor euch habt, ist manchmal

schwer und kann sogar gefährlich werden.“ Sie ging an einen Schrank, zog die Schublade und holte zwei goldene Bänder heraus. „Ich habe sie geflochten aus dem goldenen Garn meines Webstuhls, aus dem Garn, das ein Geschenk des großen Schöpfers ist. Bindet sie euch um als Gürtel. Sie werden euch beschützen. Aber gebt sie niemals her. Auch nicht, wenn ihr in Gefahr seid. Denn merkt euch eines: die Perle der Hoffnung ist auch gleichzeitig die Perle des Vertrauens. Nur der kann sie finden, der selbst Hoffnung und Vertrauen hat. Deshalb: Habt Vertrauen in den Schutz des Gürtels und Hoffnung, daß er euch aus aller Gefahr wieder hinausführt.“

Kathrin und Tobias banden sich die goldenen Bänder um. Die Weberin öffnete eine Tür vom Raum der Spinnerinnen ins Freie. Sie winkte den Kindern, ihr zu folgen. Vorbei an einem Feld mit blaublühendem Alpenflachs führte sie die beiden an den Rand der Alm zu einer Quelle. Es war die Quelle eines Baches, der hier entsprang und zu Tal rieselte. An seiner Seite führte ein steiniger Pfad bergab.

„Hier beginnt euer Weg“, sagte die Weberin, „kommt gut zurück.“

Wo ist Kathrin?

Der Abstieg war eigentlich recht lustig. Es ging über Steine und Geröll zunächst dem Bach entlang und später ab und zu auch über den Bach hinweg. Manchmal war es den Kindern, als ob das herabfließende Wasser ihnen etwas zuraunen wollte, aber sie verstanden es nicht. Weiter unten am Berg flossen von rechts und links kleine Rinnsale in den Bach hinein, der dadurch größer und größer wurde. Immer wieder meinten Kathrin und Tobias Stimmen aus seinem Plätschern zu hören. Kurz darauf war er wieder still, der Bach des Zauberberges.

Unten im Tal schlängelte er sich dann durch ein kleines Wiesenstück und verschwand schließlich ohne großes Abschiedsgeplätscher in einem Fluß. Wie nun weiter? Über diesen Fluß mußten sie ja hinüber.

„Siehst du eine Brücke?“ fragte Tobias die Schwester.

Kathrin schüttelte den Kopf: „Nein, sehe ich nicht.“ Doch dann ging ein Strahlen über ihr Gesicht: „Da oben, Tobi, guck mal, dort oben steht ein Fährmann bei seinem Boot. Der könnte uns doch ans andere Ufer bringen.“

Tobias schaute flußaufwärts. Tatsächlich, nicht weit von ihnen hatte ein Fährmann gerade angelegt. Die Kinder rannten winkend zu ihm. „Fährmann, kannst du uns ans andere Ufer bringen?“ rief Tobias.

Der Fährmann sah die Kinder kritisch an, dann sagte er; „Gewiß kann ich euch übersetzen. Was gebt ihr mir dafür?“ Tobias zog seinen Geldbeutel, aber der Fährmann winkte ab: „Euer Geld will ich nicht, kann ich nicht gebrauchen.“

„Was möchtest du dann?“ fragte Tobias.

„Gebt mir eure goldenen Gürtel, dann fahre ich euch ans andere Ufer“, verlangte der Fährmann.

„Nein, die geben wir nicht her“, erklärte der Junge.

„Möchtest du meine Halskette haben?“ fragte Kathrin.

„Interessiert mich nicht“, sagte der Fährmann.

Tobias holte wieder seinen Geldbeutel und kramte darin: „Ich hab’ da noch eine wertvolle Münze. Ein Geschenk von meinem Patenonkel. Wäre das was für dich?“

„Laß mich doch in Ruhe mit deiner Münze. Ich will eure goldenen Gürtel, sonst nichts.“

„Die geben wir nicht her“, sagten die Kinder.

Der Fährmann wurde ärgerlich. „Dann seht, wie ihr über den Fluß kommt. Eine Brücke gibt’s hier nicht“, rief er.

Er stieß ab und fuhr allein mit seinem Boot zum anderen Ufer hinüber.

„Was machen wir jetzt?“ fragte Kathrin.
„Wir gehen ein Stück flußabwärts, das müssen wir ja sowieso“, meinte Tobias. „Vielleicht finden wir eine Stelle, an der dieser Fluß etwas schmäler ist als hier, oder vielleicht eine Furt, auf der wir den Fluß durchqueren können.“
Die Kinder marschierten los. Aber der Fluß wurde nicht schmäler, im Gegenteil, er wurde breiter. „Du, Tobi, ich meine, wir sollten wieder zurück“, schlug Kathrin vor. Aber Tobias marschierte weiter, ohne zu erklären, warum.
Am anderen Ufer wölbte sich ein Berg. Er ragte in den Fluß hinein und da – da war tatsächlich die Stelle, an der man vielleicht hinüberschwimmen konnte. Tobias blieb stehen: „Das müßte gehen. Ich will's versuchen.“
„Und ich? Was ist mit mir?“ fragte Kathrin.
„Du bleibst hier und wartest, bis ich dich hole“, bestimmte der große Bruder. „Ich muß erst ausprobieren, ob das Wasser hier nicht zu reißend ist.“
Er zog Schuhe und Strümpfe aus und dann auch noch sein Hemd und seine Jeans. Den goldenen Gürtel behielt er umgebunden. Nun stieg er vorsichtig in den Fluß. Hu, war das Wasser kalt! Aber mutig schwamm er los. Kathrin paßte das gar nicht. Ängstlich beobachtete sie den Bruder, wie er im reißenden Wasser anscheinend doch recht schwierig vorankam. Endlich war er drüben.
„Ist nicht ganz einfach“, rief er vom anderen Ufer her, „ich hol' dich gleich rüber, Kathrin, warte auf mich. Hier ist ein Hohlweg. Ich will zuerst sehen, wo er hinführt, dann komm ich zu dir.“
Tobias verschwand hinter dem Bergvorsprung. Das Mädchen wartete. Doch der Bruder ließ sich Zeit. Es dauerte und dauerte. Warum kam er nicht? Kathrin wurde ungeduldig.
„To-bi-as, To-bi, To-bi-as!“ rief sie zum anderen Ufer hinüber. Keine Antwort. Es wird doch nichts passiert sein! Jetzt hielt es Kathrin nicht mehr aus. Rasch zog auch sie Schuhe und Strümpfe aus, warf ihr Kleid ins Gras und band sich nur noch geschwind den goldenen Gürtel ums Unterzeug. Dann stieg auch sie in den Fluß. Aber kaum war sie im Wasser, da riß sie der Fluß mit sich fort. Mit aller Kraft versuchte sie gegen das reißende Wasser anzuschwimmen, aber es gelang ihr nicht. „Tobias“, schrie sie verzweifelt, „Tobias, hilf mir!“ – Doch der hörte sie nicht.
Immer weiter wurde Kathrin flußabwärts getrieben. Dabei kam sie zwar etwas näher ans andere Ufer heran, aber sie erreichte es nicht. Doch da sah sie am Rande des Flusses eine kleine Insel. Kathrin versuchte, daraufzu zu schwimmen. Die Insel kam näher. Der Ast einer Weide ragte ins Wasser. Kathrin schnappte nach ihm, hielt sich daran fest und zog sich hoch. Dann war sie auf der kleinen Insel, nicht weiter als etwa zwei Meter vom anderen Ufer entfernt. Aber sie wagte sich nicht mehr ins Wasser.

Was tun? Würde man sie hier finden? Kam hier überhaupt ein Mensch vorbei. Und wo war Tobias? All diese Gedanken schwirrten durch den Kopf des kleinen Mädchens. Sie setzte sich unter einen Holunderbusch, der auf der Insel Wurzel geschlagen hatte, und überlegte.
Am anderen Ufer raschelte es im Gebüsch. Ein Vogel? Ein anderes Tier? Nein, das war kein Tier. Ein komisches Männchen tauchte auf. Es trug ein giftgrünes Gewand und hatte auf dem Kopf eine rote Zipfelmütze. Sein langer grauer Bart reichte bis zu den Beinen hinab. Das Männchen winkte Kathrin freundlich zu und kicherte: „Keine Sorge! Ich hol' dich ans Ufer. Und ich bring dich auch zu deinem Bruder, aber du mußt mir dafür deinen goldenen Gürtel geben."
Kathrin griff nach dem goldenen Band, das sie umgebunden hatte und erschrak. Wie hatte doch die Weberin gesagt... „Der Gürtel wird euch beschützen. Gebt ihn nie her, auch nicht, wenn ihr in Gefahr seid."
„Willst du nicht meine Halskette haben oder meinen Ring", bot Kathrin dem Männchen an. Das aber schüttelte energisch den Kopf: „Ich will nur deinen Gürtel, sonst nichts. Wenn du ihn mir nicht gibst, dann hol' ich dich auch nicht herüber und bring' dich nicht zu deinem Bruder zurück. Überleg's dir."
„Da gibt's nichts zu überlegen", sagte Kathrin mutig, „den Gürtel geb ich niemals her."
„So bleib' auf dieser Insel bis ans Ende deiner Tage. Niemand wird dich jemals hier finden", schrie das Männchen. Dann verschwand es im Gebüsch.
Kathrin war wieder allein. Verzweifelt schluchzte sie vor sich hin. Fast bedauerte sie, daß sie nicht doch mit dem komischen Männchen gegangen war. Da hörte sie plötzlich aus dem Holunderbusch, unter den sie sich gesetzt hatte, eine leise Stimme:
„Wer die Perle der Hoffnung sucht, muß selber Hoffnung haben. Wer die Perle der Hoffnung und des Vertrauens sucht, muß selbst Vertrauen haben. Vertrauen zu dem, der alles führt und lenkt. Du trägst seinen goldenen Gürtel. Vergiß das nie!"
Kathrin horchte auf. Hatte die Weberin nicht Ähnliches gesagt? Die Sonnenstrahlen, die durch die Zweige des Holunderstrauches hindurchschimmerten, ließen den goldenen Gürtel aufblitzen.
Eine wunderbare Ruhe legte sich jetzt auf die Seele des Mädchens. Es hatte auf einmal keine Angst mehr. Zusammengekauert blieb es unter dem Holunderstrauch sitzen, wartete und lauschte, ob er wohl noch einmal sprechen und Ratschläge geben würde.

Inzwischen hatte Tobias den Hohlweg ausgekundschaftet. Er führte auf eine bewaldete Höhe und dann, etwas breiter werdend, wieder hinab zum Fluß. Man konnte auf ihm bequem weiter flußabwärts gehen. Tobias war zufrieden. Jetzt ging es darum, Kathrin zu holen. Er machte kehrt und wanderte zurück zu der Stelle, an der er über den Fluß geschwommen war. Doch dort war die kleine Schwester nicht mehr. „Kathrin! Kathrin, wo steckst du?“ rief Tobias hinüber. Aber Kathrin antwortete nicht. Wo war Kathrin?
Da sah Tobias am anderen Ufer das Kleid der Schwester liegen. Ein Schreck durchfuhr ihn. Hatte Kathrin etwa versucht, herüberzuschwimmen? Durch diese reißende Strömung? War sie dabei gar ertrunken? Was sollte er tun, er, der doch für die kleine Schwester verantwortlich war? Wo nur konnte er Hilfe holen?
Da hörte der Junge plötzlich hinter sich eine Stimme: „Keine Angst, deiner Schwester ist nichts passiert.“
Tobias fuhr herum und sah einen sonderbaren Zwerg in giftgrünem Wams und mit roter Zipfelmütze. Er trug einen langen Bart, der ihm bis zu den Beinen reichte.
„Wo ist meine Schwester?“ rief Tobias.
Der Zwerg kicherte: „Ich sag' dir's gleich, und ich führ' dich auch zu ihr, wenn du mir deinen goldenen Gürtel gibst.“
„Niemals!“ schrie Tobias den Zwerg an. „Niemals gebe ich dir meinen Gürtel. Ich kann meine Schwester auch alleine suchen. Hauptsache, sie lebt.“
„Du wirst sie nie finden“, schrie der Zwerg zurück, „niemals wirst du sie finden!“ Dann verschwand er plötzlich, wie er gekommen war.
Tobias aber suchte das Ufer ab. Er schwamm auf die andere Seite des Flusses und suchte auch dort. Was tun? Die Lage war fast hoffnungslos. Auf einmal hörte Tobias die Stimme des Windes, der ihm leise zuraunte: „Wer die Perle der Hoffnung sucht, muß selber Hoffnung haben. Wer die Perle der Hoffnung und des Vertrauens sucht, muß selbst Vertrauen haben. Vertrauen zu dem, der alles führt und lenkt.“
Hoffnung und Vertrauen, ja, das hatte die Weberin auch gesagt. Er durfte also nicht aufgeben, wenn er Kathrin und wenn er die Perle finden wollte. Wieder hörte er den Wind flüstern. Oder kam die Stimme diesesmal aus ihm selbst? „Das reißende Wasser hat Kathrin den Fluß hinabgetrieben. Flußabwärts mußt du suchen.“
Ja, das war's, das war's wohl! Tobias schwamm zurück und rannte los, über die bewaldete Höhe wieder zum Fluß hinunter und flußabwärts weiter, schnell und immer schneller, bis er nicht mehr konnte. Dann blieb er stehen und rief nach

der Schwester. Einmal, zweimal ging das so. Beim drittenmal endlich hörte er Kathrins Stimme: „Hier bin ich, Tobias, hier bin ich!“ Der Junge lief weiter: „Wo?“ Da sah er die Insel und auf der Insel die Schwester, die ihm freudig zuwinkte.

„Bleib’ drüben, Kathrin, ich hol’ dich!“ rief Tobias. Drei Züge, dann war er auf der Insel. „Gottlob, daß ich dich gefunden hab’!“ Die Geschwister umarmten sich und weinten vor Freude. „Hast du dir auch nicht weh getan?“ fragte Tobias. Kathrin schüttelte den Kopf: „Alles in Ordnung. Laß uns weiter nach der Perle suchen.“

„Ja, nach der Perle der Hoffnung und des Vertrauens, komm.“

Vorsichtig zog Tobias die kleine Schwester ans Ufer hinüber. Dort wanderten sie weiter flußabwärts, ohne Kleider, ohne Schuhe, aber glücklich, beieinander zu sein.

Auf der Hand des Riesen

Es dauerte nicht lange, da sahen Kathrin und Tobias rechts und links des Flusses Felsen emporragen. Bald hörte man das Rauschen eines Wasserfalls. Jetzt führte der Weg vom Fluß weg um einen Felsen herum abwärts. Plötzlich und unerwartet standen sie vor dem Wasserfall. Hoch über ihnen brauste er über einen Felsen hinweg ins nun tiefer liegende Flußbett, wo er eine große Mulde ausgespült hatte. Zwischen dem Felsen und dem in weitem Bogen herabstürzenden Wasser konnte man ein paar Schritte weit auf einem schmalen, schlüpfrigen Pfad hindurchgehen, bis ein Fels den Pfad zum anderen Ufer sperrte.

„Hier muß die Perle liegen", sagte Tobias, „komm, wir suchen". Die Kinder schlüpften hinter den Wasserschleier und suchten den Fels ab. Nichts! Sie kratzten einige Ritzen aus – aber keine Perle war zu finden. Kathrin spielte aufgeregt mit ihrem Gürtel. Wie durch Zufall berührten die Enden des goldenen Bandes den Fels. Nun öffnete sich eine kleine Spalte. Katrin tat einen Jubelschrei. In der kleinen Spalte lag die Perle, die Perle der Hoffnung und des Vertrauens, grün schimmernd im bemoosten Fels. Kathrin nahm sie vorsichtig heraus.

Da rauschte der Wasserfall stärker als zuvor. Aus dem Wasser empor tauchten kleine lustige Wassermännlein. Sie winkten den Kindern fröhlich zu. Dabei plapperten sie: „Ihr habt die Perle der Hoffnung gefunden. Wie gut für euch, wie gut für uns!"

Das klang wie das Plätschern des Wassers.

„Die Perle ist nicht für euch und nicht für uns bestimmt", sagte Kathrin, „sie gehört der kranken Zukunft."

„Wissen wir", plätscherten die Wassermännlein weiter, „wissen wir. Auch das Wasser, die Wassertiere, die Nixen und wir Wassermännlein, wir alle brauchen eine gesunde Zukunft, genau wie ihr. Deshalb sind wir froh, daß ihr die Perle gefunden habt und der kranken Zukunft zurückbringen wollt."

Tobias hatte sich inzwischen Gedanken über den Rückweg gemacht. Jetzt schaute er auf die Wassermännlein und fragte: „Wißt ihr, wie man am besten wieder über den Fluß hinüberkommt. Wir müssen zurück auf den Zauberberg zur Weberin der Zeit."

Die Wassermännlein tuschelten eifrig miteinander. Dann sagte eines: „Geht wieder um den Fels herum und ein Stück den Fluß aufwärts. Bei dem Berg an der schmalen Stelle werden wir euch einen Steg bauen."

„Da bin ich auch herübergeschwommen", sagte Tobias, „aber dauert das nicht zu lange, wenn ihr da erst einen Steg bauen wollt."

„Nein, nein, nein", lachten die Wassermännlein, „bei uns geht das sehr schnell."
Kathrin und Tobias wanderten zurück, den Fluß aufwärts an der kleinen Insel vorbei bis zu dem Berg, der in den Fluß hineinragte. Die Füße taten ihnen weh, aber sie bissen die Zähne zusammen. Als sie vom Berg her den Hohlweg herunterkamen, sahen sie schon den Steg der Wassermännlein. Es war zwar kein richtiger Steg, nur angeschwemmte Baumstämme und Äste – aber immerhin. Die Kinder konnten darauf fast trockenen Fußes hinwegklettern.
„Paß auf, daß du nicht ausrutschst und ins Wasser fällst", warnte Tobias die kleine Schwester. Da tauchten die Wassermännlein rechts und links der Baumstämme wieder auf. „Keine Sorge", riefen sie, „wir halten die Stämme fest, und wir fangen euch auch auf, wenn ihr ins Wasser fallt."
Am anderen Ufer wollten sich die Kinder noch bei den kleinen Wassergeistern bedanken, aber die waren schon wieder verschwunden. Die Kleider und Schuhe lagen noch im Gras. „Zieh dich rasch an, damit wir weiter kommen", sagte Tobias.
Kathrin seufzte: „Huch, wenn ich an den weiten Rückweg denke, den steilen Berg hinauf, dann graust's mir."
Tobias zeigte zum Himmel hinauf: „Und da zieht auch noch ein Gewitter auf. Das hat uns gerade noch gefehlt. Ganz schwarz ist's da oben."
Kathrin erschrak. Sie hatte schon immer Angst vor Gewitter. Ja, da hing eine riesige dunkelgraue Wolke am Firmament. Unheimlich sah die aus. Jetzt wuchs die Wolke auch noch, wurde immer größer, immer finsterer. Plötzlich löste sie sich vom Himmel, schwebte über den Wald zum Fluß hinunter auf die Kinder zu. Kaum aber hatte sie die Erde berührt, da wurde aus der Wolke ein finsterer grauer Riese. Die Kinder wollten davonrennen, sich irgendwo verstecken. Der Riese aber rief ihnen mit dunkler Stimme zu: „Lauft nicht weg, ich tu euch nichts. Ich will euch doch nur helfen."
Tobias blieb stehen: „Wer bist du?"
„Ich bin der düstere Riese der Hoffnungslosigkeit", antwortete der Wolkenmann, „aber ihr habt die Perle der Hoffnung gefunden. Wenn ich euch jetzt mit meinen Händen hinauftrage zum Zauberberg der Weberin, dann wird aus mir eine helle Wolke, die in der Sonne fröhlich ihre Bahn ziehen kann. Habt Vertrauen zu mir. Ich tu euch bestimmt nichts."
War es eine Hand oder waren es Wolken, die der Riese den Kindern entgegenstreckte. Kathrin und Tobias konnten es nicht genau erkennen. „Steigt auf", sagte er mit dunkler, warmer Stimme, „steigt auf, dann wird sich die graue Wolke der Hoffnungslosigkeit in eine lichte helle Wolke verwandeln und ihr seid im Nu bei der Weberin auf dem Zauberberg."

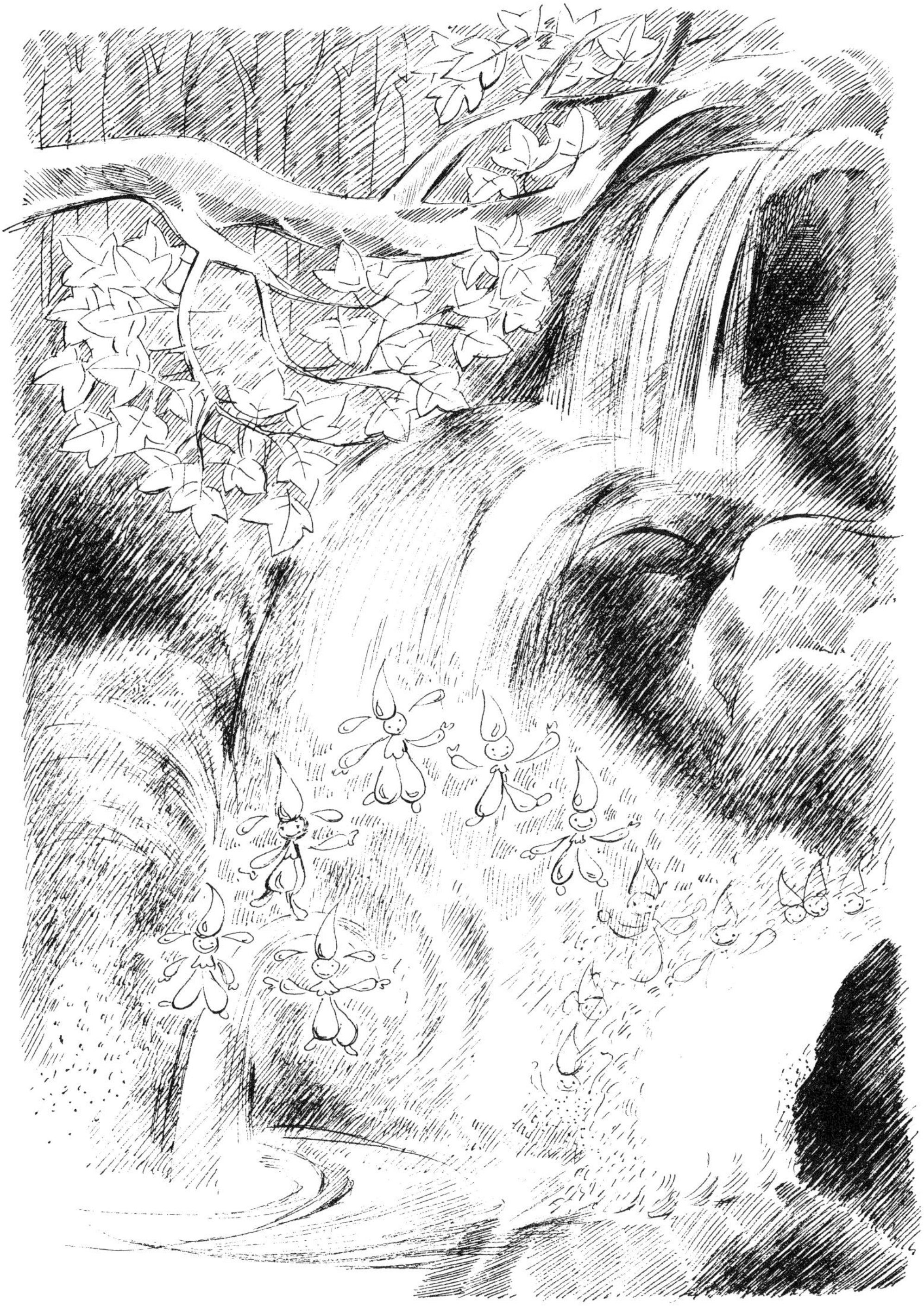

Die Kinder wagten es, wenn auch klopfenden Herzens, auf die Hand des Riesen zu steigen. Der trug sie in die Höhe und setzte sie kurz danach auf dem Zauberberg ab. Noch ehe Kathrin und Tobias ihm ein „Dankeschön“ nachrufen konnten, schwebte er als weiße Wolke davon. Aus dem grauen Riesen der Hoffnungslosigkeit war nun eine weiße Wolke der Hoffnung geworden.
Die beiden gingen hinüber zum Hof. Schon auf halbem Weg kam ihnen die Weberin entgegen. „Mein Glockenspiel hat euch angekündigt“, sagte sie. Immer noch hielt Kathrin die Perle der Hoffnung krampfhaft in der Hand. Die Weberin bemerkte es: „Du kannst sie nicht immer in der Hand behalten.“ Sie zog aus ihrer Tasche einen kleinen handgewobenen Beutel und gab ihn Kathrin: „Da kannst du die Perle hineinlegen und den Beutel umhängen.“
„Danke“, sagte Kathrin und öffnete vorsichtig ihre Hand. Die Perle glänzte im Sonnenlicht. Kathrin legte sie in den Beutel. Dann fiel ihr Blick auf den goldenen Gürtel, den sie noch umgebunden hatte. „Er hat uns beschützt“, strahlte sie, „müssen wir ihn dir nun wieder zurückgeben?“
„Nein, das braucht ihr nicht. Ihr dürft ihn behalten. Er soll euch immer begleiten. In eurer Welt wird er allerdings unsichtbar sein, aber wirksam ist er auch dort. Vergeßt das nie.“
Die wundersame Frau zeigte mit der Hand auf die Weide hinüber zu den Gedankenpferdchen, die dort grasten: „Geht jetzt zu euren Pferdchen und fliegt zurück zu den Wurzelwichten.“

„Wir dürfen erzählen!“

Bei den Wurzelzwergen gab es diesesmal nur einen kurzen Aufenthalt. „Ihr seid spät dran“, sagten auch sie, „und zur Eule Schuschuhu sollt ihr doch auch noch.“
Tobias griff sich an den Kopf: „Meine Güte, das hätten wir fast vergessen. Nach der dritten Perle, so hat sie ja gesagt, sollen wir wiederkommen.“
Kathrin gab den Wurzelwichten den Beutel mit der Perle: „Hebt den Beutel bitte auch auf. Wir brauchen ihn für die nächste Perle, und ich will ihn nicht mit nach Hause nehmen, sonst fragen die, woher ich ihn habe. Und wir sollen doch nichts verraten.“
Die Wurzelwichte waren einverstanden. „Gut, wir stecken die Perle der Hoffnung wieder in unseren Felsentresor zu den anderen Perlen, und den Beutel werden wir für euch aufheben“, sagte der große von den drei Wichten. Der kleinste Wicht hatte inzwischen den Beutel heimlich geöffnet. „O ist die schön, ist die schön!“ rief er, als er die Perle der Hoffnung sah. „Gleich nachher werde ich zur kranken Zukunft gehen und ihr von eurem erfolgreichen Abenteuer berichten“, versprach er.
„Es war wirklich ein Abenteuer“, bestätigte Tobias.
„Und getrennt wurden wir auch noch“, ergänzte Kathrin.
„Erzählt es uns das nächstemal. Jetzt müßt ihr nach Hause. Und vergeßt Schuschuhu nicht“, erinnerte der dritte Wicht.
Kathrin und Tobias schwangen sich auf ihre Gedankenpferdchen, die sogleich losflogen. Sie landeten auf der Wiese beim Kirschbaum. „Schnell zur alten Scheune“, rief Tobias. Die Kinder rannten los. Außer Atem stiegen sie die knarrende Leiter zum Dachboden hinauf. Da saß auch schon Schuschuhu und wartete.
„Wie schön von euch, daß ihr mich nicht vergessen habt“, krächzte sie.
„Wir haben inzwischen viel erlebt“, erklärte Tobias.
„Ich weiß, ich weiß“, sagte die Eule, „ihr braucht mir das auch gar nicht zu erzählen. Ich weiß mehr, als ihr ahnt. Erzählt es der Großmutter, die wartet darauf.“
„Dürfen wir, dürfen wir jetzt“, rief Kathrin begeistert.
„Ja, jetzt dürft ihr sie erzählen, eure Erlebnisse, jetzt, da ihr die dritte Perle gefunden habt, die Perle der Hoffnung und des Vertrauens. Denn Schweigen können, das gehört auch zum Vertrauen.“
Kathrin jubelte: „Ist das nicht toll, Tobias, jetzt dürfen wir alles erzählen. Jetzt dürfen wir unser Geheimnis lüften!“ Schuschuhu schlug wild mit den Flügeln: „Nicht so eilig, kleines Mädchen. Überlege erst mal, wem du dieses Geheimnis

anvertrauen willst. Manche würden dich auch auslachen. Sei nicht so vertrauensselig."

„Ich paß da schon auf, Schuschuhu", versprach Tobias.

„Aber der Großmutter... und vielleicht Pit, dem Lehrer... und... und...", meinte Kathrin.

Tobias lachte: "und... und... und, dann ist's wohl schon aus."

„Geht jetzt nach Hause", sagte die Eule, „ihr habt eine schwere Prüfung bestanden. Die Prüfung des Schweigens. Nun dürft ihr sprechen, aber bitte mit Vorsicht. Doch jetzt geht..."

*

Auf dem Bauernhof hätte es dann beinahe Krach gegeben. „So spät kommt ihr mir nicht mehr nach Hause", schimpfte der Vater, „und überhaupt möchte ich endlich wissen, wo ihr euch herumtreibt."

„Sagen wir nicht", bockte Tobias.

Kathrin schaute an sich herunter. Wenn Vater nur nicht den goldenen Gürtel bemerkte..., aber der Gürtel war verschwunden, unsichtbar geworden. Das hatte die Weberin ja schon gesagt. Erleichtert atmete Kathrin auf. „Das bleibt unser Geheimnis", unterstützte sie den Bruder.

Vater wurde wütend. Er holte tief Luft. Gerade wollte er loslegen und eine Schimpfkanonade von sich geben, da stellte sich Großmutter vor die Kinder: „Lassen sie die Kinder doch. Ich weiß, wo sie waren. Sie tun bestimmt nichts Unrechtes."

Da aber ärgerte sich der Bauer: „Du, misch dich da nicht drein. Das ist Sache der jungen Familie. Dich geht das gar nichts an."

„Moment mal", griff nun die Mutter ein, „Großmutter darf wohl mitreden. Sie hat bei uns schon manchen Streit geschlichtet." Zum Glück kam jetzt die Bäuerin. Sie brachte auf einem Holzbrett Wurst, Schinken und Käse. Dazu einen Korb mit selbstgebackenem Brot. Der Bauer holte noch einen Krug Most.

Die Erwachsenen und die Kinder setzten sich brav um den Tisch. Und da sie alle großen Hunger hatten, schwiegen sie nun. Der Streit war behoben. „Füttert die Bestien", flüsterte Tobias der Schwester zu.

Nach dem Essen zogen sich Vater und Mutter, der Bauer, die Bäuerin und Felix zu einem Fernsehkrimi zurück. „Gerade recht, dann haben wir Zeit für uns", sagte Großmutter zu den Kindern. Sie hakte sich bei ihnen ein und führte sie hinaus in die Laube. Dort setzten sie sich auf eine Bank und träumten zunächst ein wenig in die Landschaft hinein.

Es war ein lauer Sommerabend. Die Grillen zirpten, und ab und zu huschte ein Vogel durch die Zweige der Bäume. Langsam, zog der Mond hinter den Wolken hervor. Da begann Großmutter das Gespräch: „Ihr habt viel erlebt in den letzten Tagen. Wollt ihr mir nicht davon erzählen?"
„Hast du wirklich gewußt, wo wir waren?" fragte Tobias.
„Nicht genau", antwortete Großmutter, „ich habe manches geahnt. Gewußt habe ich nur, daß ihr bei der Eule Schuschuhu wart und daß sie euch auf Gedankenreisen geschickt hat."
„Ja, stell dir vor, wir sind mit zwei weißen Gedankenpferdchen fortgeflogen. Die hatten Flügel", zwitscherte Kathrin drauflos, „hast du schon einmal Gedankenpferdchen gesehen?"
„Ja, das hab' ich", sagte die Großmutter, „ich bin schon oft mit meinem Gedankenpferdchen fortgeflogen und ich tu es heut' noch ab und zu, immer wieder."
„Dann kannst du ja auch mal mit uns fliegen", meinte Kathrin.
Die Großmutter lächelte. „Vielleicht, vielleicht tu ich das wirklich einmal. Doch nun berichtet mir von euren Reisen, erzählt mir, was ihr so erlebt habt."
Die Kinder erzählten und erzählten und konnten kein Ende finden. Großmutter aber lauschte. Sie lauschte nicht nur mit ihren Ohren. Sie lauschte auch mit ihrem Herzen. Die Kinder spürten es und waren glücklich. Plötzlich unterbrach sich Tobias selbst. „Großmutter, waren das eigentlich nur Träume, unsere Reisen?" fragte er.
„Nein, das waren keine Träume", antwortete die Großmutter, „das waren Gedanken, eure Gedanken".
„Manchmal versteh' ich das alles gar nicht", gestand der Junge.
„Ist auch nicht nötig", meinte die Großmutter, „viel wichtiger ist, daß du verstehst, was dir diese Gedankenreisen sagen wollen".
„Wie meinst du das?"
„Denk einmal darüber nach, was euch die Weberin gesagt und gezeigt hat. Sie hat euch doch die erste und die zweite Perle erklärt."
„Wieso?"
„Hat sie nicht gesagt und gezeigt, wie die Gedanken und Taten der Menschen das Garn der Spinnerinnen färben?"
„Doch"
„Schau, das ist nur ein Bild. Es will dir sagen: aus dem, was hier in der Gegenwart geschieht, wird der Stoff für das Gewand der Zukunft gewoben. Das heißt soviel wie, das, was wir jetzt tun, wirkt sich in der Zukunft aus. Schütten wir mit Chemikalien und Waschmitteln zuviel Gift ins Wasser, werden wir es in der Zukunft nicht mehr trinken können. Verschmutzen wir die Luft, dann macht sie uns in

der Zukunft krank. Zerstören wir die Umwelt, wird sie uns in der Zukunft nicht mehr ernähren. Und so weiter, und so weiter. Wir müssen anders denken als bisher, anders handeln als bisher. Wir müssen etwas für die Zukunft tun. Ist euch das klar?"
„Ja, das versteh' ich", sagte Tobias.
„Aber die dritte Perle, die Perle der Hoffnung und des Vertrauens", warf Kathrin ein, „was will die uns sagen?"
Sanft strich Großmutter über den Kopf des kleinen Mädchens: „Sie will uns sagen, daß wir die Hoffnung nie aufgeben dürfen, auch wenn die Zukunft einmal traurig aussieht. Sie will uns sagen, daß wir Vertrauen haben sollen zu dem, der uns führt und lenkt."
Kathrin nickte: „Das hat die Stimme aus dem Holunderbusch auch gesagt."
„Und der Wind hat mir dasselbe zugeflüstert", sagte Tobias. Großmutter lächelte wieder still vor sich hin: „Es ist eine Weisheit der guten Geister. Ihr habt es ja selbst erlebt. Da sind so viele kleine Wesen, gute Kräfte, die uns umgeben. Wir spüren sie nur meist nicht. Wir sind dickfellig geworden. Wir leben zu sehr im Äußerlichen."
Ein großer Vogel huschte, lautlos gleitend, über die Laube hinweg. „Schuschuhu", flüsterte Kathrin.
„Sie ist auf Mäusefang", erklärte Tobias.
„Nicht nur", sagte die Großmutter, „sie wird in dieser Nacht auch mit den Gnomen, den Baumwichteln, den Elfen und den Sylphen sprechen... Laßt uns ins Haus gehen. Es ist spät geworden. Diese Stunde gehört den unsichtbaren Wesen, den geheimen Kräften der Natur."

Die vierte Perle

„Heute suchen wir die vierte Perle", flüsterten Kathrin und Tobias am anderen Tag der Großmutter zu. Dann rannten sie los, hinunter zur Senke, zum Kirschbaum. Dort riefen sie wieder ihre Gedankenpferdchen.
Die drei Wurzelwichte saßen noch in ihrer Höhle, als die Kinder ankamen. „Wir haben uns gerade überlegt, wie wir am schnellsten zum Mißmutmoor kommen", erklärten sie.
„Zum Mißmutmoor?" wunderten sich die Kinder.
Der große Wicht nickte: „Ja, heute müssen wir euch zum Moor schicken. Ihr wißt doch, was ein Moor ist?"
Tobias dachte nach: „Ja, das ist ganz weiche Erde, in der man versinken kann."
„So ungefähr", sagte der Wicht, „in jedem Moor lebt eine Moorhexe. Sie kann die Menschen, die ihr zu nahe kommen, zu sich in die Tiefe hinabziehen. Deshalb muß man im Moor immer auf dem Weg bleiben".
„Aber im Moor leben auch die Moorpuddel", rief der kleine Wicht dazwischen.
„Moorpuddel? Was ist denn das?" fragte Kathrin.
„Die Moorpuddel sind kleine schwarze Kerlchen, so schlammig wie das Moor. Sie leben dort seit Jahrtausenden und schaffen unentwegt. Das vermodernde Holz der Wälder, die vor Urzeiten dort standen, verwandeln sie in Moor und durchwirken es mit wunderbaren Heilkräften."
Tobias fiel etwas ein: „Ist das Moor nicht auch gegen Rheuma?"
„Ganz recht", lobte der kleine Wicht, „und für Heilmoor und Torf sorgen die Moorpuddel."
„Hat die Moorhexe die Moorpuddel verhext?" wollte Kathrin wissen.
„Du ahnst es wohl, kleines Mädchen", sagte der große Wicht, „jahrtausendelang haben Hexe und Moorpuddel jedoch friedlich beieinander gewohnt, bis eines Tages die Habsuchtszwerge gekommen sind. Sie haben die Perle der Freude gebracht und die Moorhexe gezwungen, diese Perle in der Tiefe des Moors zu versenken und sie zu bewachen. Die Moorhexe hat sich über die leuchtende Perle schrecklich geärgert. Das Leuchten gefiel ihr nicht, war ihr unheimlich. Vor lauter Ärger und Mißmut ist die Moorhexe dann zur Mißmutmoorhexe geworden."
Nun erzählte der mittlere Wicht weiter: „Weil aber Mißmuthexen um sich herum auch nur Mißmutige ertragen können, hat unsere Hexe fast das ganze Moor mißmutig gemacht. Darum heißt es jetzt bei uns das ‚Mißmutmoor'. Auch die einst so lustigen Moorpuddel sind traurig und mißmutig geworden und hängen untätig herum. Das Moor verkommt, wenn das so weitergeht."

Tobias schaute den Wicht erstaunt an: „Und da sollen wir die Perle suchen? Das ist doch unmöglich!"
„Es ist möglich", sagte der große Wicht, „wenn sich nämlich Menschenkinder finden, die aus den mißmutigen Moorpuddeln wieder fröhliche Moorpuddel machen, dann beginnt es im Moor wieder zu blühen. Am Ufer eines Moorsees, in dessen Tiefe die Perle der Freude liegt, wird dann eine wunderbare Blume wachsen, die Blume der Freude. Wer sie besitzt, hat Macht über die Hexe und kann sie zwingen, die Perle der Freude heraufzuholen aus der Tiefe des Moores."
Der Wicht schaute die Kinder ernst an: „Nun, habt ihr eure Aufgabe begriffen?"
Tobias nickte bedenklich: „Wir sollen die traurigen, mißmutigen Moorpuddel wieder fröhlich machen. Aber wie denn?"
„Sprecht mit ihnen, singt mit ihnen, redet auf sie ein", schlug der kleine Wicht vor.
Der große Wicht mahnte zum Aufbruch: „Kommt, es wird Zeit. Wir begleiten euch ein Stück."
Es wurde eine lange Wanderung, die sie zusammen unternahmen. Zunächst ging es wieder durch den Wald, dann über weite Wiesenflächen, bis eine blauschimmernde Heidelandschaft sie aufnahm.
„Hinter der Heide liegt das Moor", erklärten die Wichte. Der Weg wurde schmäler. Statt Heidekraut wuchsen Binsen auf dem nun feuchten Boden. Sie kamen an eine Birkengruppe. Die Wurzelwichte blieben stehen: „Hier warten wir auf euch. Jetzt müßt ihr allein weitergehen".
Tobias war noch unschlüssig: „Aber wohin? Wo finden wir die Moorpuddel?"
„Immer auf diesem schmalen Weg weitergehen. Die Moorpuddel werden euch dann schon begegnen", sagte der dritte Wicht. „Aber verlaßt ja den Weg nicht, sonst geratet ihr ins Moor", warnte der kleine, „und laßt euch nicht von der Hexe mißmutig machen. Laßt euch nicht verhexen!"

Im Mißmutmoor

Kathrin und Tobias wanderten weiter. Hohes Schilfrohr umsäumte bald ihren Weg. Unheimlich war es hier. So still und doch wieder nicht. Ab und zu knackste und raschelte es im Rohr. Die Kinder fuhren zusammen, suchten nach den Moorpuddeln, aber es war jedesmal nur der Wind, der das Schilfrohr hin und herbewegte. Bald hörte das hohe Schilfrohr auf, machte Platz für grüne Binsen. Daneben einige Pfützen mit dunkelbraunem moorigem Wasser.
Der Weg wurde schmäler. Trostlos und öde sah es hier aus. Modernde Bäume reckten sterbend ihre kahlen Äste aus dem Sumpfland. Fauler Schlamm schwabbte bis zum Weg, der immer mehr zum Pfad wurde. Hie und da ein paar Fichten und Erlen. Dort ließ eine Weide traurig ihre Zweige ins Moor hängen. Jetzt drängte sich ein kleiner Bach dicht an den Pfad heran, wurde breit und breiter. Wo kam auf einmal nur das viele Wasser her?
Plötzlich hörten die Kinder ein seltsames Raunen und Singen. Sie schauten sich suchend um. Da sahen sie in der Mitte des Moors eine Wölbung, einen kleinen Hügel, von dem Wasser herabsickerte. Vor diesem Hügel aber saßen dicht zusammengedrängt viele schwarze Moorpuddel. Sie seufzten und weinten und sangen leise vor sich hin:

„Ach, wie traurig ist die Welt,
die wohl bald zusammenfällt.
Selbst das Moor, so naß und schwer,
macht uns keine Freude mehr."

Das Lied klang unsagbar traurig, schwermütig. Es war, als ob es auch die umliegende Landschaft erfaßte und traurig machte. Die Kinder spürten das, und es ließ sie erschauern. Tobias blickte starr vor sich hin. „Es hat keinen Wert. Diese Moorpuddel können wir zwei niemals fröhlich machen", seufzte er, „wie sollten wir das fertigbringen in diesem trostlosen Hochmoor hier, wo alles so traurig ist. Das werden wir niemals schaffen! Es ist zu traurig hier. Laß uns umkehren." Kathrin sah den Bruder überrascht an: „Tobias, was ist los mit dir?"
Keine Antwort.
„Tobias, Tobi, hat dich etwa die Mißmutmoorhexe schon im Bann? Nein, das darf nicht sein, das darf nicht sein! Tobias, hör' mal her!"
Aber Tobias schien mit seinen traurigen Gedanken weit weit weg zu sein.
Kathrin schüttelte den Bruder: „So bekommen wir die Perle der Freude nie. Wir

haben doch auch die Perle der Hoffnung gefunden. Warum willst du aufgeben? Wo ist denn dein Vertrauen?“ Einer Eingebung folgend, nahm sie die Enden von Tobias’ goldenem Gürtel und fuhr ihm damit über den Kopf. Und da, da war es plötzlich, als sei der Junge aus einem tiefen Schlaf erwacht. „Was ist los?“ fragte er die Schwester.
„Ich glaube, du bist für einen Augenblick von der Mißmutmoorhexe gebannt worden. Du wolltest schon aufgeben.“
„Kommt gar nicht infrage“, rief Tobias, „wir müssen doch die Moorpuddel da drüben wieder fröhlich machen. Auf, wir singen ein Lied, ein fröhliches Lied. Fällt dir eins ein?“
„Der Kanon“, sagte Kathrin, „der Kanon ‚Froh zu sein bedarf es wenig‘.“
„Prima, der paßt. Singen wir, zuerst gemeinsam, dann im Kanon. So lange, bis wir die da drüben mit ihrem traurigen Lied überstimmt haben.“
Und dann sangen sie, laut und aus vollem Herzen:

„Froh zu sein bedarf es wenig,
und wer froh ist, ist ein König.“

Die Moorpuddel horchten auf. Dann puddelten sie sich, einer nach dem anderen, übers schwankende Moor hinweg zu den Kindern hinüber. Vor dem Pfad machten die feuchten schwarzen Wesen Halt, blieben im Moor sitzen und schauten die beiden Menschen mit großen Augen an.
Ein Moorpuddel kam schließlich auf den Pfad gekrochen. Mißmutig fragte er: „Warum singt ihr ein so fröhliches Lied, wo doch alles hier so traurig ist?“
„Nichts ist traurig“, rief Tobias, „das Leben ist schön, deshalb haben wir ein fröhliches Lied gesungen.“
„Euer Leben ist vielleicht schön. Aber das Leben der Moorpuddel ist traurig, das dürft ihr mir glauben.“
Tobias blickte dem Kerlchen in die großen ängstlichen Augen: „Warum, sag mir einmal, warum euer Leben traurig ist.“
Der Moorpuddel stöhnte vor sich hin: „Ach, weißt du, es ist so trostlos hier im Hochmoor.“
Kathrin hatte eines der Moorgräser, ein Wollgrasflöckchen, das vom Pfad aus zu greifen war, abgepflückt und hielt es jetzt dem Moorpuddel unter die Nase: „Ist es nicht schön, dieses Gras? Es gibt viel Schönes bei euch, nicht nur Trostloses. Ihr müßt euch an dem Schönen freuen, das ihr hier habt.“
Da fiel ihr Tobias ins Wort: „Hört zu, ihr Moorpuddel, ich muß euch etwas ganz Wichtigese sagen. Wißt ihr denn nicht, daß das Moor eine ganz große Heilkraft

für kranke Menschen hat, daß es Rheumakranken die Schmerzen nimmt. Und ihr habt doch schließlich das Moor zu dem gemacht, was es heute ist. Die Menschen sind euch sicher dankbar dafür."

Fassungslos sahen die Moorpuddel den Jungen an: „Ist das wirklich so? Das haben wir nicht gewußt. Wir waren immer traurig, daß die Menschen drüben am anderen Ende des Hochmoors Stück für Stück abgegraben und fortgeschafft haben."

Tobias bekräftigte noch einmal: „Sie brauchen es doch für die Kranken im Heilbad. Aber sie bringen es schließlich auch wieder zurück. Oder?"

„Ja, das stimmt", gab der schwarze Wicht zu, „das stimmt schon. Sie füllen die Löcher auch wieder auf."

Gespannt hatten die anderen Moorpuddel dem Gespräch zugehört. Jetzt zogen sie ihren Bruder, der auf dem Pfad saß, zu sich ins Moor hinunter. Sie tuschelten lange miteinander. Dann krabbelte wieder ein Moorpuddel auf den Pfad. „Wir haben uns entschlossen, den Menschen von unserem Moor zu schenken", sagte er, „wir helfen gerne und wollen weiter im Moor wirken, damit kranke Menschen wieder gesund werden".

„Ihr seid doch fabelhaft, ihr Moorpuddel; mit eurem Geschenk macht ihr vielen Menschen eine große Freude", lachte Tobias.

Kaum aber hatte er das Wort „Freude" ausgesprochen, da begannen die Moorpuddel aufgeregt übers Moor hin- und herzuhuschen. Sie wisperten und flüsterten miteinander. Die Kinder konnten nichts verstehen. Nur manchmal meinten sie das Wort „Freude" aus dem Wispern herauszuhören. Jetzt redeten die Moorpuddel lauter miteinander, aber in einer seltsamen Sprache. Und dann begannen sie zu lachen, erst der eine, dann der andere, und dann alle zusammen.

„Wir können uns wieder freuen", rief einer, „der Bann der Mißmutmoorhexe ist von uns gefallen. Dies ist jetzt kein Mißmutmoor mehr!"

In diesem Moment fing das Moos auf dem kleinen Hügel zu blühen an. Auch auf dem schwankenden Boden des übrigen Moores und am Bachbett sprossen kleine blühende Pflanzen hervor.

„Das Moor blüht, das Moor blüht wieder", jubelten die Moorpuddel. Sie klatschten in ihre nassen Hände, daß es nur so spritzte, und sie sangen dazu:

„Es blüht im Moor,
es blüht im Moor!
Die Freude sprießt daraus empor.
Was blühend aus der Erde bricht
ist Freude, aufgefangnes Licht."

Plötzlich ein Schnauben und Röcheln. Die Moorpuddel hörten auf zu singen. „Die Moorhexe ist aufgewacht", riefen sie, „da wird sie staunen, wenn sie das blühende Moor sieht."
Tobias wurde unruhig: „Wir müssen jetzt die Blume der Freude pflücken. Wißt ihr, wo wir sie finden können?"
„Wenn sie schon erblüht ist, und das könnte eigentlich jetzt sein, dann müßte sie am Erlensee wachsen", erklärte ein Moorpuddel, „dort hat die Moorhexe auch die Perle der Freude im Moor versenkt."
„Wo ist der Erlensee?" fragte Tobias.
„Gleich da drüben bei den Erlen", antwortete der Moorpuddel, „aber beeilt euch, wenn ihr die Blume pflücken wollt, bevor sie von der Hexe ausgerissen wird. Wer die Blume der Freude pflückt, der hat Macht über die Mißmutmoorhexe. Und die weiß das auch. Beeilt euch, der Erlensee ist der Schlafplatz der Hexe, und soeben ist sie aufgewacht."
Die Kinder rannten los. Schon von weitem sahen sie dicht am Ufer des Erlensees eine hohe leuchtende Blume aus den Binsen herauswachsen. Sie sah aus wie eine Lanze, und ihre strahlende Blüte schimmerte in allen Farben des Regenbogens. Nur rasch weiter. Außer Atem kamen sie am See an. Der Pfad wurde dort wieder zum Weg. Da huschte plötzlich eine dunkle Gestalt hinter einer Erle hervor: die Mißmutmoorhexe! Was tun? Mutig ging Tobias auf sie zu und hielt sie auf.
„Schnell, hol die Blume, Kathrin", rief er. Kathrin pflückte eilig die blühende Lanze und reichte sie dem Bruder. Der berührte damit die Mißmutmoorhexe, die daraufhin wie erstarrt stehen blieb.
„Wo hast du die Perle der Freude versteckt. Hol sie sofort herauf aus dem Moor", forderte Tobias.
„O weh, du hast die Blume der Freude in deiner Hand", stellte die Hexe fest, „damit hast du Macht über mich, und ich muß tun, was du willst."
„Hol' die Perle der Freude herauf", befahl Tobias noch einmal. Die Hexe verschwand im Moor. Kurz darauf kam sie wieder, in der Hand die Perle, die nun, wie die Blume, in allen Farben des Regenbogens schillerte. Tobias nahm sie an sich.
Die Hexe sah ihn spöttisch an: „Eigentlich bin ich froh, daß ich das Ding los bin, das mir die Habsuchtszwerge da zur Verwahrung aufgezwungen haben. Ich mag keine glänzenden Perlen. Sie gehören nicht ins Moor. Und eine Perle der Freude, puh, das stört mich. Aber die Habsuchtszwerge waren stärker als ich, sie haben mich gezwungen. Gegen die kommt ja niemand an. Jetzt bin ich keine Mißmutmoorhexe mehr, sondern wieder eine ganz normale Moorhexe. Aber auch die hat ihre Macht im Moor."

Kathrin machte ein erschrockenes Gesicht. Da lachte die Moorhexe: „Im Moor, habe ich gesagt. Deshalb rate ich euch, bleibt auf dem Weg!"
Die Moorhexe verschwand zwischen zwei Erlen. Nun kam auf einmal Leben in den Erlensee. Allerlei Wasservögel tauchten aus dem Schilf, Moorfrösche quakten, Libellen und Schmetterlinge gaukelten über dem See. Und mit lautem „Kiwit, kiwit", erzählte ein Kiebitz jedem, der es wissen wollte, daß aus dem Mißmutmoor jetzt wieder ein ganz normales Moor geworden war.
Glücklich wanderten die Kinder zurück zu der Birkengruppe. Als die drei Wurzelwichte sie kommen sahen, hüpften sie ihnen vergnügt entgegen. Tobias schwenkte die blühende Lanze und rief: „Wir haben die Blume der Freude. Wir haben die Perle der Freude!"
Doch dann welkte die Blume von einem Augenblick zum anderen.
„Sie braucht schnell Wasser", meinte Kathrin.
Die Wurzelwichte schüttelten den Kopf: „Nein, sie hat ihre Aufgabe erfüllt. Gebt sie dem Moor zurück."
Da warf Tobias die verwelkte Blume in weitem Bogen ins Moor hinein. Dann überreichte er dem großen Wicht feierlich die Perle der Freude. Der lächelte: „Die wird heute noch ihre Auswirkungen haben..."
An diesem Tag wußten die Kinder nicht, wie sie zurückgekommen waren. Sie wachten auf unter dem Kirschbaum.
„Schnell nach Hause", schlug Tobias vor, „ich glaube, es ist spät geworden."

„... eigentlich ein Fest des Dankes“

„Hallo, ihr zwei Ausreißer“, rief Felix den Kindern zu, als sie auf dem Hof ankamen, „ihr könnt mir gleich helfen, Lampions aufhängen und Tische richten“. Er war gerade dabei, Schnüre vom Schuppen zum Haus und zum Stall zu ziehen. Im Hof standen Tische herum. Auf einigen lagen bunte Lampions.
„Was ist denn hier los?“ fragte Tobias.
„Der Bauer hat Geburtstag, einen runden“, erklärte Felix, „da wird gefeiert. Wußtet ihr das nicht?“
„Keine Ahnung, niemand hat uns was gesagt“, erwiderte Tobias.
„Ist auch nicht nötig. Das Fest soll doch eine Überraschung sein“, meinte Felix.
„Aber wir haben kein Geschenk für den Bauern“, bedauerte Kathrin, und zu Tobias: „Komm, wir pflücken ihm wenigstens einen schönen Wiesenblumenstrauß.“ Die beiden wollten gleich abzwitschern, aber Felix hielt sie zurück: „Halt, dageblieben. Ihr könnt euch nicht schon wieder aus dem Staub machen. Wenn ihr mir helft, dann ist das auch wie ein Geschenk für den Bauern. Und einen Wiesenblumenstrauß könnt ihr später immer noch pflücken.“
„Wieviel Leute kommen denn da?“ fragte Kathrin.
„Weiß ich auch nicht genau“, gestand Felix, „ein paar Leute vom Dorf. Dann der Sohn von unserem Bauer, wißt ihr, das ist der Jakob, der jetzt in der Stadt wohnt. Also der kommt auch mit seiner Frau und seinen Kindern. Na ja, und ihr mit euren Eltern, ihr seid ja auch da. Los jetzt, wir müssen noch Stühle holen und die Tische zurechtstellen. Die Lampions hängen wir an die Schnüre.“
„Kommt Pit auch“ fragte Kathrin.
„Kann sein“, antwortete Felix.
Als der Festplatz gerichtet war, fanden die Kinder tatsächlich noch Zeit, einen Wiesenblumenstrauß zu pflücken. Sie stellten ihn auf den Tisch vor den Ehrenplatz des Bauern. Dann zündete Felix Kerzen an und steckte sie in die Lampions. Großmutter, die diesen Nachmittag backend und brotzelnd in der Küche verbracht hatte, kam und bestaunte den Festplatz vor dem Haus. Sie klatschte begeistert in die Hände: „Kinder, das habt ihr wunderschön gerichtet. Jetzt können wir feiern. Das wird ein Fest der Freude.“
Kathrin schmiegte sich an die alte Frau und flüsterte ihr zu: „Und gerade heute haben wir die Perle der Freude geholt.“
Es wurde dann wirklich ein Fest der Freude. Nach dem Essen holte Felix seine Mundharmonika und spielte ein Lied nach dem anderen. Dazu wurde eifrig gesungen. Der Bauer und die Bäuerin, die Eltern und auch einige der anderen Gäste

tanzten ab und zu miteinander, während Kathrin und Tobias mit den Enkeln der Bauersleute die Stallungen unsicher machten.
Auch Pit war gekommen. Kathrin schlich sich zu ihm und stupste ihn vorsichtig an: „Du, Pit, hast du schon einmal einen Gnom oder einen Wurzelwicht oder einen Moorpuddel gesehen?“
Der junge Lehrer überlegte. „Nein, Kathrin, das habe ich leider nicht. Aber ich weiß, daß es diese Naturwesen gibt. Unsere Natur ist lebendiger, als die meisten Menschen ahnen. Da sind wunderbare Kräfte am Werk. Ich kann mir recht gut vorstellen, daß hinter jeder Blume ein Elf steht, daß in den Bäumen Wurzel- oder Baumwichtel leben und in den Steinen die Gnomen hausen. Nur, gesehen habe ich leider noch keinen. Schade...“
Kathrin strahlte: „Macht nichts. Vielleicht kann ich dir einmal einen Gnom oder einen Wurzelwicht zeigen.“
„Vielleicht“, sagte Pit, „ich würde mich freuen.“
Auch Tobias hatte noch eine Frage auf dem Herzen. Er wandte sich dabei an die Großmutter: „Du weißt doch auch, daß in den Mooren Torf gestochen wird für die Heilbäder.“
„Ja, das weiß ich“, sagte die Großmutter.
Tobias fuhr fort: „Und die Menschen holen das Moor einfach so, ohne die Moorpuddel zu fragen?“
Die Großmutter nickte versonnen vor sich hin: „Ja, das stimmt wohl so.“
„Gut, darüber sind wir uns einig“, sagte Tobias, „doch nun kommt meine Frage. Paß mal gut auf. Die Moorpuddel haben uns erzählt, daß sie den Menschen das Moor künftig schenken wollen. Aber ich sehe darin keinen Unterschied. Die Menschen, die Moor stechen, wissen doch gar nichts von den Moorpuddeln. Sie holen sich das Moor, wie sie es immer getan haben. Oder siehst du das anders? Hat sich da was geändert?“
Die alte Frau wiegte den Kopf hin und her: „Die Naturwesen sind bereit, von ihrem Reichtum uns Menschen etwas abzugeben. Wenn wir nun das, was die Natur uns schenkt, auch als Geschenk annehmen, dankbar annehmen, dann können die Kräfte der Natur besser in uns und an uns wirken. Verstehst du das?“
„Nein.“
Großmutter nahm einen Rettich in die Hand, der noch auf einem Teller lag: „Auch dies ist ein Geschenk der Natur. Ich weiß nicht, welche Wurzelgeistlein daran gewirkt haben. Oder da, nimm ein Stück Brot. Wenn wir das dankbar annehmen als ein Geschenk, dann gibt es uns mehr Kraft, als wenn wir es gedankenlos hinunterschlingen.“
„Und wie ist das mit dem Moor?“

„Auch das wirkt heilender, wenn wir dafür dankbar sind. Es kommt auf die Einstellung der Menschen an."
Tobias schaute auf die leergegessenen Platten, die Felix und die Schwiegertochter der Bauersleute gerade abräumten. Reich hatten Großmutter und die Bäuerin die Gäste bewirtet. Schmunzelnd bemerkte der Junge: „Wenn ich mich da so umsehe, dann müßten wir ja für sehr viel dankbar sein."
„Müssen wir auch, Tobias, müssen wir", sagte die Großmutter, „jede Mahlzeit sollte eigentlich ein Fest des Dankes an die Schöpfung sein."

Die fünfte Perle

Müde und unausgeschlafen kamen Kathrin und Tobias zum Frühstückstisch. Die Geburtstagsgäste waren bis nach Mitternacht geblieben und dann hatten die Kinder noch beim Aufräumen geholfen. Jetzt saßen sie gähnend vor ihren Tassen. „Holt euch nachher jeder einen Liegestuhl und legt euch noch ein bißchen in den Hausgarten", schlug Mutter vor. Tobias schüttelte den Kopf: „Nö, wir legen uns lieber auf die Wiese."
„Unter den Kirschbaum", ergänzte Kathrin.
Gleich nach dem Frühstück zogen sie los. Die Sonne stand schon hoch am Himmel. Tobias hatte eine Decke geholt. Er breitete sie im Schatten des Kirschbaumes aus und ließ sich fallen.
„Du, halt, nicht einschlafen. Wir müssen doch heute die fünfte Perle holen", rief Kathrin.
„Später", gähnte Tobias und schloß die Augen.
„Nein, nicht später. Jetzt gleich!"
„Dann ruf' du doch die Pferdchen."
„Nein, du bist heute dran. Du darfst jetzt nicht schlafen!"
Tobias richtete sich auf: „Hast ja recht."
Noch fast wie im Schlaf sagte er den Zauberspruch. Wieder waren es Wolken, die sich in Pferdchen verwandelten. Aber diesesmal ging alles schneller als in den Tagen zuvor. Kaum hatten sich die Wolken am Himmel geformt, waren zu Pferdchen geworden, da standen sie auch schon vor den Kindern.
„Schnell, steigt auf. Ihr dürft nicht einschlafen. Ihr habt eine wichtige Aufgabe", wieherten sie.
Kathrin und Tobias kletterten auf ihre Gedankenpferdchen, die sich gleich in die Lüfte schwangen. Und seltsam, wie sie so dahinflogen, fiel alle Müdigkeit von den Kindern ab.
Wieder einmal standen die Wurzelwichte vor ihrer Höhle und warteten auf Kathrin und Tobias. „Heute sollt ihr die Perle der Phantasie suchen", erklärte der große Wicht.
„Da müßt ihr zuerst ins Reich der Phantasie fliegen. Die dort wissen, wo ungefähr die Perle versteckt ist", sagte der zweite Wicht.
„Aber wo liegt das Reich der Phantasie?" fragte Tobias.
„Keine Sorge, das finden wir schon. Von dort kommen wir doch her", riefen die Gedankenpferdchen erfreut, „bleibt sitzen; wir fliegen jetzt hinauf zu unseren Brüdern und Schwestern."

„Halt“, rief der kleinste Wicht, „ihr habt was vergessen“.
Er warf Kathrin den handgewobenen Beutel der Weberin zu: „Damit du weißt, wo du die Perle hineinstecken kannst.“
Kaum hatte Kathrin den bunten Beutel geschnappt, da flogen die Gedankenpferdchen auf. Immer höher, immer höher stiegen sie in die Lüfte.
„Und wo liegt nun das Reich der Phantasie?“ fragte Tobias noch einmal. „Ist es weit weg?“
„Wie man's nimmt“, wieherte sein Gedankenpferdchen, „das Reich der Phantasie liegt über den Wolken.“
„Eigentlich klar“, bemerkte Kathrin, „ihr beiden Gedankenpferdchen kommt ja auch aus den Wolken.“
Weiter ging es himmelwärts. Ein leichter Wind kam auf. Jetzt durchstießen die Gedankenpferdchen eine weiße Wolke. Sie war wie ein Tor, das in eine andere Welt führte. Was dahinter lag, setzte die Kinder in Erstaunen. Da war eine große flache Wolke, die sich ins Unendliche ausdehnte – so schien es wenigstens. Auf dieser Wolke aber sprangen viele, viele Gedankenpferdchen fröhlich hin und her. Sie kamen gleich angelaufen, als sie die Kinder sahen.
„Das sind unsere Brüder und Schwestern“, sagte Kathrins Pferdchen, „wir sind jetzt über den Wolken im Reich der Phantasie.“
Tobias und Kathrin stiegen ab und streichelten einige der Wolkentiere. Da kam aus der Herde der Pferdchen ein älterer Mann auf die Kinder zu. Er trug einen langen, weißen Bart, der den Wolken und dem Fell der Pferdchen glich. „Willkommen im Reich der Phantasie“, rief er den Kindern zu, „ich hab' schon viel von euch gehört.“
„Von wem?“ fragte Kathrin.
„Von euren Gedankenpferdchen“, antwortete der Alte, „sie wohnen ja hier bei uns.“
„Und wer bist du?“ wollte Kathrin wissen.
Der Alte zeigte auf die große weiße Wolke mit den grasenden Pferdchen. „Ich? – Ich bin der Hüter der Gedankenpferdchen, der Hüter der Pforte im Reich der Phantasie.“
Tobias hatte sich inzwischen umgeschaut. Anscheinend gab es hier nur diese große Wolke mit den Gedankenpferdchen. Verwundert fragte er: „Und dies da, diese Wolke hier ist nun das Reich der Phantasie?“
Wieder lächelte der alte Mann mit dem weißen Bart: „Diese Wolke hier ist nur ein kleiner Teil des unendlichen Reiches der Phantasie. Sie ist die Pforte, durch die ihr gehen müßt, wenn ihr eine der anderen Wolken besuchen wollt.“
Kathrin horchte auf: „Was sind das für andere Wolken?“

Der Alte lächelte: „Ach, wie soll ich dir das erklären? Im Reich der Phantasie gibt es unendlich viele Wolken, alle verschieden, jede schöner als die andere. Vielleicht könnt ihr einige davon besuchen, wenn ihr die verschwundene Perle der Phantasie gefunden habt. Das ist doch euer Auftrag. Oder nicht?"
„Ja, aber woher weißt du?" fragte Tobias, „ach so – von den Pferdchen... Aber wo liegt denn die Perle? Wo sollen wir sie suchen?"
Der Alte schaute traurig drein: „Drunten in einer Großstadt zwischen Hochhäusern und Stadtautobahnen, zwischen Tankstellen und Supermärkten. Die Habsuchtszwerge wollten diese Perle für ihre eigenen Zwecke verwenden, aber so einfach geht das nicht. Die Perle wurde grau in ihren Händen. Da haben sie die Perle der Phantasie irgendwo in dieser Großstadt versteckt. Hoffentlich ist sie nicht kaputtgegangen."
„Puh", machte Tobias, „in einer Großstadt sollen wir eine Perle suchen? Zwischen Hochhäusern und Stadtautobahnen? Das ist doch unmöglich!"
Der Alte nickte. „Ja, das scheint unmöglich. Aber da gibt es manchmal Begegnungen, Führungen, stille Helfer, die das Unmögliche möglich werden lassen. Versucht es doch wenigstens, bitte. Ein Wolkenpurzel wird euch auf einer Wolke hinuntertragen."
Tobias lachte: „Ein Wolkenpurzel? Was ist denn das schon wieder?"
Noch ehe der Alte etwas erklären konnte, stand so ein Wolkenpurzel vor ihnen. Er glich ein wenig einer Putte, wie man sie in manchen Parks findet.
„Du hast gedacht", sagte er zum Hüter, „also bin ich hier." Tobias sah den Alten erstaunt an: „Was heißt das ‚du hast gedacht, also bin ich hier'?"
Der Hüter schmunzelte: „Soll ich dir's übersetzen? Bei euch würde das heißen ‚du hast gerufen, also bin ich hier'. Aber bei uns wird nicht laut gerufen, bei uns ruft man mit seinen Gedanken."
„Die Wolke steht bereit. Wir können abfliegen", erklärte der Wolkenpurzel. Er führte die Kinder zu einer kleinen weißen Wolke, in der gerade drei Personen Platz hatten. Kathrin, Tobias und der Wolkenpurzel stiegen ein. Langsam hob sich die Wolke, schwebte zum Wolkentor und durch das Wolkentor hindurch. Dann glitt sie langsam tiefer und tiefer hinab.
Als Tobias nach einer Steuerung suchte, mußte der Wolkenpurzel lachen: „Du suchst vergebens. Das machen wir auch mit unseren Gedanken."
Schon kamen die Hochhäuser der großen Stadt in Sicht.
Kathrin wurde ein wenig flau im Magen: „Was machen wohl die Leute da unten mit uns, wenn sie uns auf der Wolke herunterfliegen sehen?"
„Solange ihr auf der Wolke seid, kann euch niemand sehen. Auf der Wolke seid ihr unsichtbar", beruhigte der Wolkenpurzel das Mädchen.

Die Wolke landete auf einer kleinen Grünfläche zwischen zwei Hochhäusern. Viele Menschen gingen hier eilig hin und her.
Kathrin schaute sich um: „Und da hat uns wirklich niemand gesehen?"
Der Wolkenpurzel lachte: „Ich hab' dir's doch gesagt, auf der Wolke der Phantasie seid ihr unsichtbar."
„Und wenn wir aussteigen?"
„Dann natürlich, dann können euch die Menschen hier sehen."
Tobias zögerte noch mit dem Aussteigen. Etwas ratlos sah er den Wolkenpurzel an: „Kannst du uns vielleicht sagen, wo wir hier suchen sollen?" Der Wolkenpurzel schüttelte den Kopf: „Nein, das weiß ich auch nicht. Ich wünsche euch jedenfalls viel Glück."
Etwas beklommen stiegen die Kinder aus.
„Wartest du hier auf uns?" fragte Kathrin.
„Nein", sagte der Wolkenpurzel, „ich warte nicht. Aber ich bin gleich wieder bei euch, sobald ihr mich mit euren Gedanken ruft."
Kathrin wollte noch etwas fragen, aber schon war die Wolke mit dem Wolkenpurzel davongeflogen.

Im Wurzelwerk verborgen

Noch standen die Kinder ratlos im Gras und wußten nicht, wohin sie gehen sollten, als ein Mann auf sie zukam und sie anfauchte: „Macht, daß ihr von dem Rasen runterkommt. Das ist kein Spielplatz für Kinder."
„Wir... wir wußten nicht..." stotterte Kathrin.
„Könnt ihr nicht lesen? Betreten des Rasens verboten. Da steht's doch!"
„Fauchen sie nicht so, wir gehen ja schon", sagte Tobias ärgerlich.
„Werd' bloß nicht noch frech", schrie der Mann.
Tobias nahm die Schwester bei der Hand: „Auf, gehen wir, gegen den kommen wir doch nicht an."
„Aber wo sollen wir suchen?" fragte Kathrin, „zwischen Hochhäusern hat der Hüter da droben gesagt. Das hier ist zwischen Hochhäusern.".
„Ich weiß auch nicht, wo wir suchen sollen", gab Tobias zu, „ich steh' ja diesesmal der Sache sehr skeptisch gegenüber."
„Weiß ich", sagte Kathrin, „aber laß uns ein Stück gehen, vielleicht..."
„Was vielleicht...?"
„Ach, ich weiß doch auch nicht..."
Schweigend gingen sie durch die lauten Straßen.
Plötzlich blieb Tobias stehen: „Da schau dir das an, unmöglich wie das aussieht."
Gleich neben den Hochhäusern stand ein halbverfallenes Haus, das aber anscheinend noch bewohnt war. Vor dem Haus saß ein kleines Mädchen. Im Arm wiegte es eine alte Puppe.
„Schau dir dieses Haus an, und da wohnen Leute drin", sagte Tobias.
Aber Kathrin sah nicht das Haus, sondern die Puppe, mit dem das kleine Mädchen spielte.
„Ist sie krank, deine Puppe?" fragte Kathrin.
„Ein wenig", antwortete das Mädchen.
„Wie heißt sie?"
„Mimi."
„Und wie heißt du?"
„Nurjan."
„Ich heiße Kathrin."
„Wohnst du in dem Haus?" fragte nun Tobias.
„Ja, aber das Haus wird bald abgerissen."
„Paßt auch nicht hierher", meinte Tobias.
„Mag sein", sagte Nurjan, „aber wenn das Haus abgerissen wird, wissen wir

nicht, wohin. Wir sind Türken."
Dann ergriff sie Kathrins Hand: „Es ist schlimm. Weißt du, da ist noch etwas Wichtiges, für das ich verantwortlich bin."
„Was denn?" fragte Kathrin.
Nurjan stand auf: „Kommt mit, ich zeig' es euch." Sie führte Kathrin und Tobias hinter das Haus. Dort wuchs neben einem Schutthaufen zwischen den Steinen eine Löwenzahnblume aus der Erde heraus. Nurjan deutete auf die Blume: „Solange wir hier wohnen, kann ihr nichts passieren. Ich bin ihre Beschützerin. In der gelben Blüte sitzt manchmal eine kleine Elfe. Sie ist nicht immer da, aber jetzt... Seht ihr sie?"
„Ja, ich seh sie auch", sagte Kathrin.
„Und du?"
Tobias nickte: „Hm, ja, da sitzt tatsächlich eine kleine Elfe in der Blüte... Und so was in dieser Großstadt!"
„Ihr seid die ersten Menschen, die meine Elfe sehen. Alle haben mich bisher ausgelacht", erzählte Nurjan.
„Mach' dir nichts draus", tröstete Tobias das kleine fremde Mädchen.
Kathrin hatte sich inzwischen auf den Schutthaufen gesetzt. Sie schaute die Blumenelfe an und flüsterte: „Wenn es in einer so lauten Stadt so etwas gibt, wie du. Wenn neben diesen Hochhäusern eine Blume blüht, in der eine so schöne Blumenelfe wohnt, hach, dann können wir vielleicht doch noch die Perle der Phantasie finden..."
„Die Perle der Phantasie. Die sucht ihr zwei?" flüsterte die Blumenelfe zurück, „auf euch hab' ich schon lange gewartet. Für euch hab' ich doch die Perle der Phantasie gerettet. Sie liegt versteckt unter meiner Wurzel. Ich hab' sie gerettet, als die Habsuchtszwerge sie zum Schutt geworfen haben. Unter der Wurzel meiner Blume könnt ihr die Perle der Phantasie finden."
Kathrin erschrak: „Aber dann müßten wir ja deine Blume ausreißen und du hättest keine Wohnung mehr."
„Macht nichts. Ich fliege dann mit einem der Löwenzahnschirmchen davon und schaff' mir eine neue Blume", erklärte die Elfe.
„Aber deine Blume hat ja noch gar keine Schirmchen", stellte Kathrin fest, „sie hat immer noch ihre gelben Blüten. Da müßten wir ja lange warten. Aber wir brauchen die Perle jetzt."
„Ja, da könnte ich vielleicht mal ausnahmsweise ein kleines Wunder vollbringen", hauchte die Elfe, „meine Freundin Nurjan soll zu mir kommen".
Nurjan hatte es schon gehört. Bald saßen alle drei Kinder andächtig um die kleine Löwenzahnblume herum. „Nun paßt mal auf, ihr drei", sagte die Elfe, „was

sonst in Tagen geschieht, werde ich jetzt für euch in einigen Minuten vollbringen. Ich werde die gelben Blüten meiner Blume schließen und sie in viele Samenschirmchen verwandeln. Wenn das geschehen ist, dann pflücke du, Nurjan, dann pflücke du meine Blume ab."
Nurjan blickte die Elfe entsetzt an: „Ich... ich soll deine Blume abpflücken..."
„Ja, das sollst du", sagte die Elfe, „und du sollst auch die Samenschirmchen vom Stengel blasen. Ich werde dann eines der Schirmchen ergreifen und mit ihm davonfliegen."
„Nein", rief Nurjan, „nein, das darfst du nicht!"
„Doch, Nurjan, es muß sein", sagte die Elfe. „Und wenn du das Löwenzahnlicht ausgeblasen hast, dann kann das andere Mädchen hier die Wurzel des Löwenzahns herausziehen, denn dort liegt die Perle der Phantasie versteckt."
Nurjan kamen die Tränen.
„Weine nicht, meine Beschützerin", sagte die Elfe, „Abschied gehört zum Leben. Und nun seid stille und erlebt das Wunder der Wandlung..."
Die Elfe huschte aus der Blüte heraus und stellte sich neben ihre Blume. Mit ausgebreiteten Armen sang sie leise in die Blüte hinein:

„Kleine Sonne, wachse, blühe,
wandle dich zum Licht, erglühe
und verschenke dich der Welt.
Fliege aus in andere Erden,
schaffe dort ein neues Werden,
wo's dem Schirmchen grad gefällt."

Während die Elfe sang, zog die Löwenzahnblume ihre gelben Blütenblätter zusammen. Erst als das Lied zuende war, öffnete sie ihren Kelch wieder. Die gelben Blütenblätter aber hatten sich in zarte, spinnwebenfeine Schirmchen verwandelt. Und an jedem Schirmchen hing ein Samenkorn. Wie die Blume so dastand, sah sie aus wie ein kleines Licht.
„Nurjan, meine Beschützerin, pflücke jetzt die Blume und blase die Samenfädchen in die Luft", rief die Elfe, „dann kann das andere Mädchen hier aus der Wurzel die Perle der Phantasie holen."
Nurjan seufzte: „Und du willst mich tatsächlich verlassen, du, meine einzige Freundin hier?"
„Es muß sein, das ist der Wandel der Natur", erklärte die Elfe, „irgendwann wird jede Löwenzahnblume zum Licht, und ihre Elfe fliegt mit den Schirmchen davon. Mach' schon, pflücke die Blume ab."

Zögernd, mit Tränen in den Augen knickte Nurjan den Stengel des Löwenzahnlichts. Eingehend betrachtete sie die kleinen Schirmchen, die sich rund um den Samenstand gereiht hatten:
„Mit welchem wirst du fliegen? Es sind ja so viele."
„Ich weiß es noch nicht", antwortete die Elfe, „nun blas' schon, blase sie davon".
Da pustete Nurjan mit aller Kraft in das Löwenzahnlicht hinein, so daß sich die Samenschirmchen vom Stengel lösten und mit dem Wind davonflogen. Die kleine Elfe hing sich an eines der Schirmchen. „Wir werden uns sicherlich irgendwann irgendwo wiedersehen, wenn eine neue Löwenzahnblume erblüht ist", rief sie Nurjan noch zu. Dann waren Schirmchen und Elfe zwischen den Häusern verschwunden. Eine traurige Nurjan blieb zurück.
„Jetzt haben wir dir auch noch deine Freundin, deine Elfe, verscheucht", sagte Kathrin. Nurjan schüttelte tapfer den Kopf: „Nein, nein, sie wär' ja sowieso mal weggeflogen. Du grab' jetzt mal die Wurzel aus. Gleich neben dir auf dem Schutthaufen liegt ein alter Löffel. Damit kommst du besser in die Ritze hinein."
Kathrin nahm den Löffel und stocherte mit dem Stiel zwischen den Steinen die Erde und die Wurzel heraus.
„Paß auf", warnte Tobias, „Löwenzahnwurzeln gehen gerade und tief in die Erde hinein. Ich weiß das. Großvater hat sie in seinem Garten immer aus dem Rasen gestochen."
„Aber die hier ist nicht gerade", erklärte Kathrin, „sie hat sich um etwas herumgewickelt, und sie sitzt auch nicht tief drin. Da, ich hab' sie schon."
Und schon hielt Kathrin ein verkringeltes Wurzelstück in den Händen, das sie nun vorsichtig auseinanderflocht. Da, in der Mitte des Wurzelknäuels lag die Perle, die Perle der Phantasie. Grau sah sie aus, nicht sonderlich schön. Das sollte die Perle der Phantasie sein?
Nurjan betrachtete sie und meinte: „In dieser Stadt wird alles grau, sogar die Phantasie. Man müßte sie da droben über den Wolken wieder aufpolieren."
„Du meinst im Reich der Phantasie?" fragte Tobias.
„Da kommen wir doch her und da wollen wir auch wieder hin mit der Perle", sagte Kathrin.
„Hab' ich mir halb gedacht", bemerkte Nurjan.
In diesem Moment landete die weiße Wolke. Heraus stieg der Wolkenpurzel: „Ihr habt mich gerufen."
„Haben wir das?" fragte Tobias.
„Ja, mit euren Gedanken", sagte der Wolkenpurzel, „steigt ein."
Kathrin verstaute die graue Perle rasch im Säckchen der Weberin. Dann stieg sie mit Tobias in die Wolke.

„Und du, Nurjan, willst du auch wieder einmal zu uns kommen?“ fragte der Wolkenpurzel das andere kleine Mädchen.
Nurjan stahlte: „Ja, gerne, gerade jetzt, wo meine Blumenelfe fortgeflogen ist.“
Der Wolkenpurzel wandte sich wieder an Kathrin und Tobias: „Rückt noch ein bißchen zusammen, damit die Nurjan auch mitfliegen kann.“ Die Kinder taten es nur zu gerne, hatten sie doch das fremde kleine Mädchen schon in ihr Herz geschlossen.
Als die Wolke abgehoben hatte und weit über den Hochhäusern der Stadt schwebte, fragte Kathrin: „Bist du schon öfter ins Reich der Phantasie geflogen, Nurjan?“
Das kleine Mädchen nickte: „Ja, wenn die anderen Kinder mich nicht mitspielen lassen, dann rufe ich den Wolkenpurzel. Der holt mich dann in ein Land, in dem es viel, viel schöner ist als da unten.“
„Warum lassen dich die anderen Kinder nicht mitspielen?“ fragte Tobias.
„Weiß ich nicht. Vielleicht, weil wir nicht so viel Geld haben wie die Leute, die sonst in dieser Gegend wohnen. Vielleicht auch, weil meine Eltern nicht von hier sind.“
„Vergiß es“, tröstete der Wolkenpurzel, „du weißt, daß ich dich immer hole, wenn du mich rufst. Und im Reich der Phantasie ist jeder willkommen, ob arm oder reich und egal, woher er kommt.“
Zu Kathrin und Tobias aber sagte er: „Nurjan hat bei uns drei Lieblingswolken. Sie kann sie euch ja zeigen, solange der Hüter der Pforte die Perle polieren läßt, denn das muß er wohl.“
Oben an der Pforte zum Reich der Phantasie stieg Kathrin nur kurz aus und übergab dem Hüter die graue Perle. Der freute sich: „Ja, das ist sie. Wir müssen ihr nur wieder zu ihrem alten Glanz verhelfen. Inzwischen könnt ihr ja mit dem Wolkenpurzel noch ein wenig herumfliegen.“

Die Brücke der Farbenmännchen

Purzel lenkte die Wolke in eine blaue Weite hinein. Auch andere Wolken schwebten dort hin und her, berührten sich und trennten sich wieder.
„Da drüben ist die Wolke der Dichter, da segeln wir zuerst hin", erklärte Nurjan.
Der Wolkenpurzel lenkte sein Gefährt auf die Wolke zu. Als sie anlegten, stellten die Kinder fest, daß dies auch eine unendlich große Wolke war. Sie schien nur von weitem so klein. Auf der Wolke wuchs eine blumenreiche Wiese. Blühende Bäume umsäumten einen Weg, der auf ein Schloß zu führte. Drei junge Frauen in langen wallenden Gewändern kamen den Kindern entgegen. Eine davon breitete die Arme aus und sprach laut und feierlich wie in einem Theaterstück:

„Seid uns willkommen in der Musen Garten,
ihr holden Kinder, wohlgelenkt
durch eurer Phantasie beflügelt Wesen.
Merkt, wer in unseren Gefilden wandert,
der wird mit Blütenträumen reich beschenkt,
den..."

„Halt ein!" unterbrach der Wolkenpurzel die Dame, „wir wollen nicht zu euch Musen, wir wollen zu den Wolkenkindern, die Verse machen und Geschichten schreiben".
Kaum hatte der Wolkenpurzel das gesagt, da kamen buntgekleidete Kinder über die Wiese gesprungen. Sie umringten tanzend ihre Gäste und sangen dazu:

„Eins, zwei, drei, eins, zwei, drei
fliegt jetzt ein Gedicht herbei.
Bist du traurig, leid es nicht,
mach dir einfach ein Gedicht.
Bist du fröhlich, bist du froh,
ja dann dichte ebenso.
Verse kommen mit dem Wind,
Verse stille Helfer sind."

„Ist das wahr?" fragte Kathrin ihre neue Freundin.
Nurjan nickte: „Ja, ich hab' auch schon manchmal ein Gedicht gemacht, wenn ich traurig war. Danach ging mir's besser."

Die Wolkenkinder blieben stehen. Ein Junge und ein Mädchen traten vor. Sie mochten etwa so alt sein wie Tobias und Kathrin, sie glichen ihnen sogar ein wenig. „Wir möchten euch für eure Welt da unten ein Gedicht schenken, das ihr den Erwachsenen vorsingen könnt“, sagte der Junge. Und er begann:

„Wir möchten auch noch Wälder sehen,
in Wiesen froh spazieren gehen
und über Pfützen, Bäche springen
und hören wie die Vögel singen.“

Dann sprach das Mädchen:

„Wir möchten auch noch ohne Schaden
in Flüssen und in Meeren baden,
woll'n Schlitten fahr'n, mit Skiern laufen
und uns in Schneeballschlachten raufen.“

Und wieder der Junge:

„Wir möchten auch noch Äpfel haben
und uns an Walderdbeeren laben.
Soll'n bangen wir, daß dürre Ähren
uns nicht mehr Korn fürs Brot bescheren?“

Dann das Mädchen:

„Macht aus uns doch nicht Wüstenkinder
mit knappem Wasser, ohne Winter
und ohne Blumen, ohne Bäume.
Treibt nicht die Angst in unsre Träume.“

„Das ist ein gutes Gedicht“, sagte Tobias. „Kann ich mir's aufschreiben?“
„Nicht nötig“, sagte das Mädchen, „es wird euch zuhause wieder einfallen. Doch nun geht hinüber zur Wolke der Musik. Dort wollen sie euch zu diesen Versen noch eine Melodie schenken“.
Kathrin und Tobias wären noch zu gerne bei den bunten Wolkenkindern der Dichtung geblieben, aber der Wolkenpurzel drängte: „Wir müssen weiter, wenn ihr noch die beiden anderen Wolken besuchen wollt.“
So segelten sie zur zweiten Wolke, zur Wolke der Musik. Zarte Klänge flogen ihnen von dort her schon entgegen.
Drei Männer mit bezopfter Perücke und Lackschuhen kamen auf die Kinder zu. Der erste sagte: „Wir wollen euch eine kleine Melodie schenken. Sie soll zusam-

men mit euren Versen zu einem Lied werden." Da hob der zweite den Taktstock, und alle Musikanten auf der Wolke spielten eine wunderschöne kleine Melodie.

„Habt ihr die Noten dafür aufgeschrieben?" fragte Tobias.

„Nicht nötig", sagte der dritte der Meister, „die Melodie wird euch bald irgendwie irgendwo begegnen. Ihr müßt sie nur auffangen".

„Kommt jetzt, wir schaffen's gerade noch zur Wolke der Farben", sagte der Wolkenpurzel, „dann muß ich Nurjan wieder zurückbringen. Bald kommt ihre Mutter von der Arbeit nach Hause".

„O ja, da muß ich zurück sein", gestand Nurjan.

Die Wolke der Farben leuchtete schon von weitem. Als sie näher kamen, war es den Kindern als führen sie ins golden strahlende Abendrot hinein. Auf der Wolke hüpften viele kleine bunte Wichte herum. „Das sind die Farbenmännchen", erklärte Nurjan, „die malen auch den Himmel am Morgen und am Abend so rot und golden an".

Die Farbenmännchen sprangen hin und her und schienen Farben zu mischen. Dabei sangen sie:

„Laßt uns fröhlich Farben mischen
und am Himmelszelt verwischen,
Rot und gelb und blau.
Schwarz und weiß wird grau.

Rot und gelb, das bringt zutage
ein orange, ganz ohne Frage.
Blau und rot, wie nett,
bringt uns violett.

Soll die grüne Farbe kommen,
dann wird blau und gelb genommen.
Rot und grün gibt braun.
Schön ist's anzuschaun."

Tobias klatschte in die Hände: „Danke, das war eine kleine Farbenlehre."

Erstaunt schauten die Farbenmännchen auf: „Ach, ihr seid schon da. Auf geht's, da wollen wir gleich einen Regenbogen basteln, damit ihr nachher wieder schneller auf die Erde kommt."

„Einen Regenbogen basteln? Wie geht denn das?" wunderte sich Tobias.

„Ach, basteln ist vielleicht nicht der richtige Ausdruck", sagte eines der bunten Kerlchen, „wir brauchen dazu Sonne und Regen. Sie bauen die Brücke. Wir geben die Farben hinein". Wie der Wicht so sprach, fielen Sonnenstrahlen auf die Wolke der Farben. Gegenüber aber zeigte sich eine graue Wolke. „Gleich ist's soweit", riefen die Farbenmännchen. Und sie sangen:

„Wenn Regen fällt und Sonne lacht
zur selben Zeit, dann habet acht,
dann wird ein großer bunter Bogen
weit übers Himmelszelt gezogen,
drin sieben Farben leuchtend glühn:
Rot und Orange und Gelb und Grün,
Blau, Indigo und Violett,
als ob man sie gemalet hätt'.
Es ist die Brücke, ausgesandt
aus Farbenmännchens buntem Land."

„Gleich wird es regnen", sagte der Wolkenpurzel, „laßt uns zurückfliegen".
„Aber die Farbenbrücke? Wir möchten doch noch die Farbenbrücke sehen", bat Kathrin.
„Die seht ihr später bestimmt noch", versprach der Wolkenpurzel.
Sie segelten zur Pforte zurück. Der Hüter erwartete sie bereits. Er gab den Kindern die Perle der Phantasie, die jetzt wieder hell in allen Farben schillerte. Kathrin steckte sie behutsam in ihren Beutel.
„Du, Nurjan, fliegst jetzt mit dem Wolkenpurzel wieder zurück, es ist an der Zeit", sagte der Alte. Und zu Kathrin und Tobias: „Und euch beide bringe ich zu euren Gedankenpferdchen."
Die Kinder verabschiedeten sich von einander. „Vielleicht treffen wir uns wieder mal hier oben", sagte Nurjan. „Oder sonst mal", meinte Kathrin, „gib mir deine Adresse" – aber da war die Wolke mit Nurjan und dem Wolkenpurzel schon davongeschwebt.
Der Alte, der Hüter der Wolkenpferdchen, brachte Kathrin und Tobias zu den weißen Pferdchen. „Ob wir sie finden unter den vielen anderen?" zweifelte Kathrin. Aber da kamen ihnen ihre beiden Gedankenpferdchen schon entgegengesprungen. Kathrin und Tobias stiegen auf.
„Die Farbenmännchen haben euch mit Sonne und Regen eine bunte Brücke gebaut. Sie beginnt hier oben und endet vor der Höhle der Wurzelwichte", sagte der Hüter, „dieser Weg ist noch schöner als frei durch die Lüfte zu fliegen". Dann reichte er den Kindern die Hand: „Ich hoffe, wir sehen uns noch oft. Ich hoffe es für euch."
Die Gedankenpferdchen flogen wieder durch das weiße Wolkentor. Als sie drau-

ßen waren, da sahen die Kinder den bunten Regenbogen. Er reichte vom Wolkentor bis zur Erde hinunter und bildete so eine Brücke. Aber es war keine feste Brücke, vielmehr ein Gewoge aus vielen zarten Farben. Die Gedankenpferdchen ließen sich hineinfallen in dieses Gewoge. Und dabei erlebten die Kinder etwas Wunderbares. Bevor sie auf dem Regenbogen hinunterglitten, schwebten sie ein paar Mal in den Farben auf und ab. Zuerst, am oberen Rand des Regenbogens umgab sie ein leuchtendes Rot. Dann verblaßte diese Farbe, wurde hell und heller und schließlich zum Orange. Die Pferdchen sanken tiefer in den Regenbogen hinein. Jetzt hellte sich auch das Orange auf, wurde zum Gelb. Das war so hell, daß es die Kinder fast blendete. Doch als die Pferdchen etwa in die Mitte des Farbgewoges kamen, verdunkelte sich die gelbe Farbe wieder. Ein grünes Licht umgab Kathrin und Tobias, dann verschiedene Arten von Blau bis Violett.

Sie waren am unteren Rand des Regenbogens angekommen. Jetzt wurden sie wieder aufwärts gedrängt, dem oberen Rand zu, durch die Farben Violett, Blau, Grün, Gelb, Orange, Rot. So schwebten sie ein paar Mal auf und nieder, auf und nieder, bis sich die Pferdchen langsam abwärts der Erde zu treiben ließen. Dabei sahen die Kinder zauberhafte Bilder in wechselnden Farben. Das alles ging jedoch so schnell, daß sie kaum etwas davon erfassen konnten.

Plötzlich standen sie vor der Höhle der Wurzelwichte. Der Regenbogen löste sich allmählich auf. Die Gedankenpferdchen wieherten. Da kamen die Wurzelwichte aus der Höhle heraus.

„Habt ihr die Perle?“ fragte der Kleine. Kathrin öffnete den Beutel und zeigte die buntschillernde Perle der Phantasie. Der große Wicht nahm sie an sich: „Toll ist das, jetzt habt ihr schon die Perle der guten Gedanken, die Perle des Tuns, die Perle der Hoffnung, die Perle der Freude und die Perle der Phantasie gefunden. Fehlen nur noch die Perle der Liebe und die Perle der Weisheit.“

Wieder gab es ein langes Erzählen, bis die Gedankenpferdchen unruhig wurden.

„Ihr müßt jetzt nach Hause“, sagte der große Wicht, „morgen ist die Perle der Liebe an der Reihe. Sie ist besonders wichtig. Nehmt euch viel Zeit dafür“.

Die Kinder versprachen es. Dann flogen sie mit ihren Gedankenpferdchen heim. Aber sie selbst merkten nichts von dieser Reise. Erst unter dem Kirschbaum fanden sich Kathrin und Tobias wieder. Waren sie auf dem Rückflug eingeschlafen? Sie wußten es nicht.

„Kommt mir sowieso wie ein Traum vor“, meinte Tobias.

Ein Geschenk aus dem Reich der Phantasie

Kathrin und Tobias gingen zum Bauernhof zurück. Sie waren müde. Ob noch vom Feiern am Abend zuvor oder von der Reise ins Reich der Phantasie, das wußten sie nicht. Am Nachmittag kam Pit, der junge Lehrer. Er hatte seine Gitarre mitgebracht.

„Setzt euch zu mir“, sagte er zu den Kindern, „vielleicht könnt ihr mir helfen. Vielleicht habt ihr eine Idee“.

„Für was?“ fragte Tobias.

„Am nächsten Sonntag wollen wir mit unserer Gruppe am Dorfrand einen Baum der Hoffnung pflanzen, eine Linde. Früher haben sich die Leute doch auch um eine Linde versammelt. Warum nicht wieder?“

„Und was können wir dabei tun?“ wollte Kathrin wissen.

„Ich möchte dafür ein Lied haben, ein Lied, das wir alle zusammen singen können. Ein Lied, das die Menschen, die so achtlos mit der Natur umgehen, ein wenig aufrütteln soll. Ich muß mir da was ausdenken. Aber vielleicht fällt auch euch etwas ein.“

„Du denkst da an eine Art Umweltlied“, meinte Tobias.

„Genau das“, sagte Pit.

„Und dazu brauchst du Verse?“ fragte Kathrin.

„Ja, überlegt auch mal mit.“

Die Kinder schauten sich an. Das Lied aus dem Reich der Phantasie fiel ihnen ein. Sie brauchten gar nicht groß nachzudenken. Die Verse drängten sich von selbst in die Gedanken von Kathrin und Tobias. Abwechslungsweise, wie droben die Wolkenkinder, trugen sie dem jungen Lehrer das Lied vor:

„Wir möchten auch noch Wälder sehen,
in Wiesen froh spazieren gehen
und über Pfützen, Bäche springen
und hören, wie die Vögel singen.

Wir möchten auch noch ohne Schaden
in Flüssen und im Meere baden,
woll'n Schlitten fahr'n, mit Skiern laufen
und uns in Schneeballschlachten raufen.

Wir möchten auch noch Äpfel haben
und uns an Walderdbeeren laben.

Soll'n bangen wir, daß dürre Ähren
uns nicht mehr Korn fürs Brot bescheren?

Macht aus uns doch nicht Wüstenkinder
mit knappem Wasser, ohne Winter
und ohne Blumen, ohne Bäume.
Treibt nicht die Angst in unsre Träume."

Fassungslos hatte Pit zugehört. Das gab es doch nicht, daß ihm hier zwei Stadtkinder die Gedanken als ein Lied vortrugen, die ihn im Herzen bewegten. Nach einer längeren Pause, in der die Kinder ihn erwartungsvoll ansahen, hatte er sich wieder gefaßt und sagte: „Nochmal den ersten Vers."

Er griff zu seiner Gitarre, stimmte ein paar Akkorde an und suchte zu den Versen eine Melodie. Plötzlich war sie da. Er spielte sie einmal, zweimal... Kathrin und Tobias staunten. Das war doch die Melodie von der Wolke der Musik! Pit also hatte sie mit seiner Gitarre eingefangen. Seltsam! Kannte er wohl auch das Reich der Phantasie? Er war so anders als die übrigen Erwachsenen, außer Großmutter. Man konnte mit ihm sogar über Gnomen und Elfen sprechen. Kein Wunder, daß die Kinder immer mehr Vertrauen zu ihm bekamen.

Noch einmal spielte der junge Lehrer die Melodie und sang leise den Text der ersten Strophe dazu. Dann schaute er die Kinder fragend an: „Woher habt ihr das Gedicht? Steht das schon in einem Liederbuch? Vielleicht hat's ein anderer bereits vertont."

Tobias schüttelte den Kopf: „Glaub' ich nicht. Die Verse sind uns doch eben erst eingefallen."

„Was?! Das ist doch nicht möglich! Habt ihr schon öfter gemeinsam so ein Gedicht gemacht?"

„Nein, haben wir nicht", gab Kathrin zu. „Was wir da vorgesagt haben, ist ja eigentlich auch nicht von uns. Es ist uns geschenkt worden im Reich der Phantasie."

Pit lächelte das kleine Mädchen an: „Du hast recht, Kathrin. Alles, was uns so einfällt, jede Dichtung, jede Musik, jedes schöpferische Wirken ist im Grunde ein Geschenk aus dem Reich der Phantasie. Auch meine kleine Melodie kommt von dort. Und dafür sollten wir dankbar sein."

Also doch! Pit wußte selbst, woher seine Melodie kam. Den Kindern war es auf einmal, als hätten sie einen Verbündeten gefunden.

Eine Verleumdung

Sie saßen gemütlich um den Frühstückstisch: die Großmutter, die Eltern, Kathrin und Tobias. Und sogar die Bäuerin und der Bauer hatten sich heute etwas mehr Zeit als sonst genommen. Nur Felix war auf dem Feld. Plötzlich stürmte Alex, der Sohn vom Nachbarhof, aufgeregt in die Stube und schrie: „Bauer, schnell komm', eure Säu' sind draußen und zerwühlen den Hausgarten!"
„Was sagst du", rief der Bauer wütend, „das kann doch nicht sein. Der Stall und alle Boxen sind zu". Er rannte nach draußen. Auch die Bäuerin und die anderen ließen den Frühstückstisch im Stich und stürmten hinaus. Draußen sahen sie die Bescherung. Da suhlten sich über zwanzig Säue im Hof und im Hausgarten. Andere waren zum nahe gelegenen Maisfeld gelaufen, zertrampelten den Mais und zerwühlten den Boden.
„Mein Garten, mein Garten", jammerte die Bäuerin.
Der Stall stand offen. Auch die Boxen waren geöffnet.
„Wer hat das getan?" entsetzte sich der Bauer.
„Na, wer schon", grinste Alex, „deine Gäste von der Stadt natürlich". Er deutete auf Kathrin und Tobias: „Die beiden sind heute früh heimlich zum Stall gegangen und haben alles aufgemacht. Ich hab's gesehen."
„Das ist nicht wahr, das ist gelogen. Wir waren überhaupt noch nicht beim Stall", schrien Kathrin und Tobias. Wütend sprang Tobias auf den etwa gleichaltrigen Alex zu und trat ihm vors Schienbein: „Du lügst, du lügst, du bist ein gemeiner Lügner!"
Alex schrie auf und trat und haute zurück. Der Vater trennte die beiden Kampfhähne und schimpfte: „Laßt das, es gibt Wichtigeres zu tun als euch zu verprügeln. Helft jetzt die Viecher wieder in den Stall zu treiben."
„Aber wir waren's nicht", wehrte sich Kathrin, „der Alex ist feige und böse. Deshalb wollen auch die anderen Kinder im Dorf nicht mit ihm spielen. Der wird's wohl selber gewesen sein".
„Nein, ihr wart's, ihr... ich hab' euch doch gesehen. Ich kann's beschwören."
„Hört endlich auf mit der Streiterei", brüllte der Bauer, „seht ihr denn nicht, daß hier jeder gebraucht wird!"
Es war nicht leicht, die Schweine wieder in den Stall zu treiben. Einige wurden zornig und stellten sich störrisch.
„Paßt auf und treibt's nicht zu wild mit ihnen", warnte der Bauer, „eine zornige Sau kann leicht einen Herzschlag kriegen".
Zum Glück kam jetzt Felix vom Feld zurück und konnte mithelfen. Nach über

zwei Stunden war das letzte Schwein wieder im Stall. Aber der Schaden, den die freigelassenen Tiere angerichtet hatten, war ärgerlich. Vor allem im Hausgarten der Bäuerin sah es schlimm aus. Tiefe Wannen hatten die Schweine da hineingewühlt, damit sie sich darin suhlen konnten.
„Meine schönen Beete", klagte die Bäuerin, „alles zertrampelt! Bis ich die wieder in Ordnung hab'".
„Da helfen dir Kathrin und Tobias", sagte die Mutter.
„Was heißt hier helfen. Wieder in Ordnung bringen sollen sie's", erklärte der Vater, „Strafe muß sein. Laßt euch zeigen, wie das gemacht wird, und dann auf an die Arbeit!"
„Wir helfen der Bäuerin, aber den Stall haben wir nicht aufgemacht, wir nicht", bockte Tobias.
„Doch, ihr wart's, ich hab's gesehen", schrie Alex.
„Wenn du's gesehen hast, warum hast du den Stall nicht gleich zugemacht", fragte die Großmutter.
„Da waren die Säue doch schon draußen", behauptete Alex und rannte davon.
„Gemeiner Kerl", rief Kathrin ihm noch nach.
Der Vater sah seine Kinder streng an: „Habt ihr nun den Schweinestall aufgemacht und die Viecher rausgelassen oder nicht?"
„Nein, Vater, wirklich nicht. Du darfst es uns glauben", sagte Tobias. Und Kathrin ergänzte: „Warum sollten wir auch."
„Na, zuzutrauen wär' euch das schon. Ihr habt euch ja in letzter Zeit des öfteren so heimlich herumgetrieben. Wir sprechen noch darüber. Aber jetzt helft erst mal im Garten."
Zusammen mit der Bäuerin brachten Kathrin und Tobias den Hausgarten wieder halbwegs in Ordnung. Das war für sie eine schwere ungewohnte Arbeit und dauerte bis in den Abend hinein. Während der Mahlzeiten wurde kein Wort gesprochen. Alle starrten düster auf ihre Teller. Da platzte Kathrin heraus:
„Wir waren's nicht. Glaubt es uns doch endlich!"
„Hm", machte der Bauer, „wem soll ich denn glauben, euch oder dem Alex".
„Ich glaube euch", sagte die Großmutter. Da kamen dem kleinen Mädchen die Tränen, und sie flüchtete sich in die Arme der alten Frau.
Es war ein bitterer Tag für die Kinder: keine Reise zu den Wurzelwichten, keine sechste Perle. Dafür taten ihnen alle Knochen weh. Sie schliefen schlecht in dieser Nacht.
Als Kathrin und Tobias am anderen Morgen wieder im Hausgarten helfen wollten, schickte sie die Bäuerin fort: „Da gibt's nichts mehr zu helfen. Jetzt muß das Zeug wieder wachsen. Ihr könnt euch erholen von dem harten Tag gestern."

Die Kinder atmeten erleichtert auf. „Nichts wie fort zu den Wurzelwichten. Ich muß jetzt was anderes sehen“, erklärte Tobias. Sie gingen zum Kirschbaum, riefen die Gedankenpferdchen und ließen sich von ihnen zur Höhle der Wurzelwichte tragen.
Dort erzählten sie ihren kleinen Freunden gleich, warum sie am Tag zuvor nicht hatten kommen können und daß das die Schuld von diesem unverschämten Alex war.
„Ich hab' ja eine solche Wut auf ihn“, erklärte Kathrin.
Tobias aber meinte: „Dem werd' ich's schon noch heimzahlen. Aber jetzt will ich nichts mehr davon hören. Komm, jetzt wollen wir die sechste Perle, die Perle der Liebe, suchen.“
Die drei Wichte lachten hell hinaus. „Glaubt ihr denn, daß ihr die Perle der Liebe finden könnt, wenn ihr eine solche Wut auf einen anderen Menschen habt? Rechte Liebe umfaßt alle Wesen, auch alle Menschen“, sagte der große Wicht.
Die Kinder schauten ihn erstaunt an. „Aber der ist doch böse, der Alex“, befand Kathrin, „niemand mag ihn, auch die Kinder vom Dorf nicht. Sie spielen nicht mit ihm.“
„Vielleicht ist er gerade deshalb so böse geworden“, gab der Wicht zu bedenken, „und merkt euch, auch ein böser Mensch hat gute Seiten. Versucht mal, an diesem Alex etwas Gutes zu entdecken, und dann sagt es ihm. Macht ihn darauf aufmerksam. Oft sind böse Menschen nur deshalb böse, weil sie sich selbst nicht mögen“.
Die Kinder dachten ein Weilchen nach. Dann erinnerte sich Kathrin: „Der Alex kann wunderschöne Kränze aus getrockneten Blumen machen. Wenn wir ihm von unserem Taschengeld so einen Kranz abkaufen, weil wir ihn besonders schön finden, vielleicht freut sich dann der Alex und dann ist er weniger böse.“
„Bist du verrückt“, rief Tobias, „dem Kerl einen Kranz abkaufen!“
„Pst“, machte der große Wicht, „ich finde das gar nicht verrückt. Es geht auch hier weniger ums Abkaufen. Kathrin will damit dem Alex zeigen, daß er etwas kann, etwas, das andere nicht so gut können. Auch ihr nicht. Ist's nicht so, Kathrin?“
Das Mädchen nickte. Der kleinste Wicht zupfte Tobias am Ärmel: „Du, das heißt, ihr beide solltet diesem Alex verzeihen, solltet das Gute in ihm suchen. Wenn ihr das nicht könnt, dann werdet ihr die Perle der Liebe niemals finden.“
Tobias begehrte auf: „Sollen wir etwa zurück und dem Alex sagen, ‚wir finden dich prima, auch wenn du uns verleumdet hast mit etwas, das wir gar nicht getan haben‘... na, hört mal... das kann ich nicht.“
Der große Wicht machte ein ernstes Gesicht: „So war das auch nicht gemeint. Ihr

sollt jetzt erst mal eure Wut gegen Alex bekämpfen, sollt versuchen, nur versuchen, ihm nicht mehr böse zu sein."
„Vielleicht will der Alex sich nur deshalb wichtig machen, weil er von den anderen abgelehnt wird", meinte der dritte Wicht, „vielleicht aber auch, weil er mit sich selbst nicht zufrieden ist".
„Vielleicht, ja vielleicht..., das seh' ich ein", sagte Tobias leise.
„Vielleicht braucht der Alex auch eine Perle der Liebe", bemerkte Kathrin.
„Die braucht er sicherlich", nickte der kleine Wicht. Wieder ergriff der große Wicht das Wort: „Hört her, ihr wollt die Perle der Liebe finden. Wenn ihr fertig seid mit eurem Zorn und Ärger, dann könnt ihr losmarschieren."
„Einfach so?" fragte Tobias.
„Ja, einfach so. Bei der Perle der Liebe können wir euch nicht helfen. Den Weg zur Perle der Liebe müßt ihr allein finden."
Verwundert und bedrückt zugleich sah Tobias den Wicht an: „Und da sollen wir einfach ohne Ziel in den Wald gehen?"
„Das Ziel wird sich zeigen, wenn es an der Zeit ist", erklärte der Wicht.
Kathrin war etwas ängstlich zumute: „Und wie finden wir wieder zurück?"
„Auch das wird sich weisen", sagte der Wicht, „doch nun geht. Es könnte sein, daß ihr einen langen Weg vor euch habt".

Die sechste Perle

Kathrin und Tobias wanderten los, schnurstracks in den Wald hinein. Sie hatten gelernt, daß man in dieser seltsamen Traumwelt mit Pflanzenwesen und mit Tieren sprechen konnte. Und so fragten sie jeden, der ihnen begegnete, ob Frosch, ob Igel, ob Vogel, ob Gnom oder Blumenelfe, wo wohl die Perle der Liebe zu finden sei, wo wohl die Habsuchtszwerge diese Perle versteckt haben könnten. Doch niemand konnte ihnen Auskunft geben.

Sie verließen den Wald und kamen auf einen Wiesenweg. Der führte sie an einem schönen Garten vorbei mit vielen Blumen und einem kleinen Teich, auf dem ein paar Wasserrosen blühten. Die Kinder blieben bewundernd stehen. Da hörten sie ein leises Jammern und Klagen. Es kam zweifellos aus dem Teich. Tobias kletterte über den Zaun und schaute nach. Da entdeckte er unter den Wasserrosen eine kleine Nixe. Sie war etwa so groß wie eine ausgespannte Hand und hatte langes hellblondes Haar, das wie Algen auf dem Wasser schwamm.

„Komm schnell, Kathrin, und sieh dir das an", rief Tobias. Nun kletterte auch Kathrin über den Zaun und bestaunte das zierliche kleine Wesen.

„Ach, ihr zwei Menschenkinder, könnt ihr mir nicht helfen?" jammerte die Nixe.

„Wir helfen dir gerne", sagte Kathrin, „was sollen wir tun?"

„Bringt mich in meinen See zurück", bat die Nixe.

„Aber du bist doch in deinem See", meinte Tobias.

„Nein, das ist nicht mein See, das ist ein Teich, in dem es außer mir keine Nixen gibt. Mein See ist groß und tief. Viele Wassertiere, Nixen und ein mächtiger Wassermann bewohnen ihn. Ach, und auf dem Wasser meines Sees blühen die schönsten Wasserrosen".

„Und wie kommst du in diesen Teich?" wollte Kathrin wissen.

„Zwei Männer kamen kürzlich zu unserem See, um Wasserrosen zu holen. Sie wollten auch meine Lieblingsblume mitnehmen. Da hab' ich mich an ihre Wurzeln gehängt, um sie festzuhalten. Aber ach, statt die Blume loszulassen, haben die Männer auch mich mitgenommen und in ihren großen Eimer gesteckt. Und jetzt bin ich hier in ihrem Garten, in ihrem Teich, einsam mit ein paar Wasserrosen. Ich werde sterben vor Heimweh, wenn ich nicht mehr in meinen See komme."

„Wir bringen dich in deinen See zurück", tröstete Tobias das kleine Wesen, „wo liegt dein See?"

„Ich werde euch führen", antwortete die Nixe, „doch nun holt den alten Eimer

da drüben und füllt ihn mit Wasser. Und dann setzt mich hinein." Tobias holte den Eimer, tat etwas Wasser rein. Dann hob er die Nixe vorsichtig aus dem Teich in den Eimer.
„Nehmt noch meine Wasserrose mit, unter der ich gelegen bin, aber mit den Wurzeln. bitte."
Jetzt war es Kathrin, die sorgfältig die Wurzeln der einen Wasserrose von den anderen löste und die Blume in den Eimer gab. Dann kletterte sie wieder über den Zaun und nahm Tobias den Eimer ab, damit auch er hinüberklettern konnte.
„Immer weiter dem Wiesenweg nach", erklärte die Nixe.
Der Eimer war schwer. Die Kinder mußten ihn gemeinsam tragen und immer wieder abstellen.
„Ruht euch doch ein wenig aus, dann erzähle ich euch von meinem See", schlug die Nixe vor, als sie ein Stück weit gegangen waren.
Im Schatten eines Baumes stellten die Kinder den Eimer ab und setzten sich daneben. Da erzählte die Nixe von ihrem See. Sie erzählte von den Fischen, die darin leben, von den Enten und Wasservögeln im Schilf und von den Libellen und Schmetterlingen, die immer wieder zu Besuch kommen. „Das alles könnt ihr Menschen auch bewundern, aber von dem Geheimnis des Sees erfahren nur die wenigstens von euch etwas."
„Was ist das für ein Geheimnis?" fragte Kathrin.
„Das Geheimnis des Sees, das sind wir, die Nixen und der Wassermann. Wir leben verborgen in der Tiefe des Sees."
Wunderschön sah sie aus, die kleine Nixe neben ihrer Wasserrose im Blecheimer. Voll Bewunderung betrachteten die Kinder das kleine Wesen. Die Sonne schimmerte durch das Blätterwerk des Baumes und verfing sich im Haar der Nixe. Kathrin streichelte sanft darüber: „Dein Haar sieht aus wie ein Sonnenstrahl."
„Bei Nacht ist es weiß, wie die Strahlen des Mondes, der sich im Wasser unseres Sees spiegelt", hauchte die Nixe.
Kathrin war hingerissen. Sie beugte sich über den Eimer und sagte leise: „Du liebe kleine Nixe, wie schön kannst du erzählen. Dich muß man ja richtig liebhaben. Tobi, findest du das nicht auch?"
Tobias nickte: „Ja, die muß man liebhaben, die kleine Nixe, und wir wollen auch alles tun, damit sie wieder heil in ihren See kommt."
Die Nixe horchte auf: „Ihr habt mich lieb? Ist das wahr?"
„Ja, wir haben dich lieb", sagte Tobias.
„Wir haben dich ganz in unser Herz geschlossen", erklärte Kathrin.
Nun strahlte die Nixe: „Wenn das so ist, dann bin ich sehr glücklich. Wir Natur-

wesen brauchen die Liebe der Menschen. Die ganze Natur braucht die Liebe von euch Menschen, die Tiere wie die Pflanzen. O, das ist sehr wichtig."

Kathrin streckte einen Finger der kleinen Nixenhand entgegen: „Wir lieben euch alle, darauf gebe ich dir... ach, ich kann dir ja nur einen Finger geben."

Tobias mahnte zum Aufbruch: „Gehen wir weiter. Wenn wir die Nixe wieder heil zu ihrem See zurückbringen, dann ist das auch ein Beweis unserer Liebe zu ihr."

Er stand auf und griff den Eimer: „Wart', ich helf' dir", sagte Kathrin. Und so wanderten sie weiter.

Am Ende der Wiese leitete die Nixe die Kinder durch einen dichten Tannenwald. Düster war es hier. Kathrin hatte ein wenig Angst. Trotzdem marschierte sie tapfer weiter.

Endlich lichtete sich der Wald. Und nun sahen die Kinder auch schon den See liegen. Ein Mann kam ihnen von dort her entgegen. In den Händen hielt er ein Netz und eine Angelrute. Seine Augen hatte er durch eine dunkle Sonnenbrille verdeckt.

„Na, was macht ihr denn hier?" begrüßte er die Kinder. Er schaute in den Eimer: „Sieh da, eine kleine Nixe! Schenkt sie mir für meinen Gartenteich, dann sag' ich euch auch, wo ihr die Perle der Liebe finden könnt."

Kathrin und Tobias wichen verdutzt einen Schritt zurück. Woher wußte er? Die Perle der Liebe hatten sie vor lauter Nixe fast vergessen.

„Na, gebt mir schon die Nixe", forderte der Mann die beiden auf und wollte nach dem Eimer greifen. Wie schützend legte Kathrin ihre Hand über die kleine Nixe. Tobias aber hielt den Eimer fest und ohne groß zu überlegen sagte er: „Nein, wir geben die Nixe nicht her. Die Nixe gehört in den See."

Der Fischer lächelte und ging weiter.„Ich danke euch noch einmal", sagte die Nixe. „Daß ihr mich so beschützt habt, ist sehr wichtig nicht nur für mich, auch für euch."

Sie kamen zum See. Still und verträumt lag er da am Waldrand. Nahe am Ufer wuchsen viele, viele Wasserrosen. Aber alle hatten ihre Blütenblätter geschlossen.

„Sie sind wohl traurig, weil ich nicht mehr bei ihnen bin", meinte die Nixe. „Und nun kippt den Eimer vorsichtig in den See", forderte sie die Kinder auf.

Kathrin und Tobias ließen die Nixe und die Wasserrose langsam mit dem Wasser in den See gleiten. Auf einmal fiel es Tobias wieder ein, weshalb sie eigentlich hier waren. „Weißt du vielleicht, wo wir die Perle der Liebe finden können", rief er der Nixe nach. Doch die war mit der Wurzel der Wasserrose schon unter dem Wasser verschwunden.

„Daß wir das vergessen haben“, ärgerte sich Tobias. Etwas verloren und traurig schauten die Kinder in den See. Plötzlich stand der Fischer hinter ihnen, der die Wassernixe haben wollte. „Sucht ihr immer noch nach der Perle der Liebe?“ fragte er.
„Ja“, sagte Tobias, „die suchen wir immer noch.“
„Vielleicht kann ich euch helfen“, meinte der Fischer, „kommt mit mir“.
Er führte die Kinder um den See herum zu einer Blockhütte: „Wartet hier.“
Gleich neben der Blockhütte führte eine Höhle in das von Wald umgebene Felsgestein. Der Fischer ging auf die Höhle zu und rief: „He, hallo, der Fischer ist da! Er hat dir etwas mitgebracht!“
Es dauerte eine Weile, bis mit Schnaufen und Gepuste eine eigenartige Frau aus der Höhle kroch. Sie war groß und kräftig und hatte langes braunes Haar. „Was hast du mir mitgebracht?„ fragte sie.
„Da schau sie dir an“. Der Fischer deutete auf die Kinder: „Die zwei da suchen die Perle der Liebe. Sie haben die kleine Nixe zum See zurückgebracht.“
„Und du? Was hast du gemacht?“ fragte die Frau.
„Ich hab' sie ihnen abnehmen wollen für die Perle der Liebe.“
„Und?“
„Die Kinder wollten sie nicht hergeben. Jetzt ist die Nixe wieder im See.“
Die Höhlenfrau warf einen prüfenden Blick auf Kathrin und Tobias. Dann zum Fischer: „Sie sollen uns dienen sechs Tage lang. Sie sollen den kleinen Ruppich versorgen, sollen ihn glücklich machen.“
„Das wird schwer sein“, meinte der Fischer.
„Ich bestehe darauf“, erklärte die Frau.
„Aber das geht nicht“, sagte Tobias, „in sechs Tagen, da sind unsere Ferien zu Ende. Wir fahren in dieser Woche wieder nach Hause. Und überhaupt... solange können wir nicht wegbleiben“.
„Papperlapap“, fuhr ihn die Höhlenfrau an, „im Land der Gedanken sind sechs Tage mitunter schon in einer Zeit vorbei, die bei euch nur ein paar Atemzüge zählt. Wollt ihr die Perle der Liebe haben oder nicht?“
„Ja... schon... aber...“ stammelte Tobias.
„Also folgt mir“, forderte die Höhlenfrau. Sie ging voraus in die Blockhütte. Dort saß in einer Ecke ein häßlicher Zwerg. Sein Gesicht war von Warzen überzogen und seine struppigen Haare standen wild zu Berge.
„Was wollen die hier?“ schrie er, als er die Kinder kommen sah.
„Sie werden dir dienen, werden für dich kochen, dich füttern, waschen und kleiden und mit dir spazierengehen.“
„Mag ich aber nicht.“

Die Frau kümmerte sich nicht um die Worte des Kleinen. Sie zeigte den Kindern die Kochecke und erklärte ihnen, wie sie auf dem Herd Feuer machen mußten. „Wasser gibt's draußen am Brunnen. Und wenn das Holz zuende ist, müßt ihr welches im Wald holen." Kathrin schaute sich um: „Wo ist das Licht?"
Die Frau lachte: „Nachts wird geschlafen. Da drüben im Stroh, da schläft der Ruppich, der Zwerg. Da ist auch noch Platz für euch zwei." Dann wandte sie sich an den Fischer: „Hast du den Fisch?"
Der Fischer legte einen Karpfen auf den Tisch: „Da, den könnt ihr heute Abend kochen".Dann ging der seltsame Mann mit der dunklen Sonnenbrille in Richtung See davon.
Kathrin sah hilflos auf den Fisch: „Wie soll ich? Ich hab' noch nie einen Fisch gekocht."
„Ich erklär's dir", sagte die Frau, „aber ausnehmen, waschen und kochen müßt ihr ihn selbst. Und merkt euch, bei uns gibt es jeden Tag Fisch. Doch nun an die Arbeit! Wenn ich mit euch zufrieden bin, dann bekommt ihr auch die Perle der Liebe".
Für Kathrin und Tobias folgte nun eine schwere Zeit. Der kleine Ruppich war nicht nur häßlich, sondern auch böse. Er stieß seine Betreuer mit dem Fuß, warf mit einem „mag ich nicht" das Essen vom Tisch und wollte doch gefüttert werden.
Immer wieder kam die Frau mit den langen braunen Haaren und brachte Arbeit. Kathrin mußte Kartoffeln schälen, Bohnen schnitzeln und das Haus putzen, Tobias Holz hacken, Wasser pumpen und Steine vom Acker auflesen. Die Frau aus der Höhle beobachtete dabei die Kinder streng. „Ihr tut wohl alles für die Perle der Liebe, aber ihr tut es für euch selbst und nicht aus Liebe", bemerkte sie.
Die Kinder verstanden das zwar nicht, aber sie arbeiteten weiter. In der Nacht des dritten Tages jedoch bekamen sie Streit. Sie warfen einander vor, nicht richtig nach der Perle gefragt, etwas falsch gemacht zu haben. Sie hätten doch gleich bei der ersten Begegnung den Fischer fragen können, der wußte doch von der Perle der Liebe. Dann wäre ihnen dies alles mit dem Ruppich vielleicht erspart geblieben. Oder vielleicht auch nicht? Ein böses Wort folgte dem anderen, bis Kathrin heulte.
Ruppich aber kicherte: „Und die wollen die Perle der Liebe finden!"
„Hat er nicht recht", meinte Tobias.
„Ja, laß uns wieder gut sein", schniefte Kathrin, „aber ich möcht' jetzt nach Hause. Ich kann nicht mehr".
Tobias nahm die kleine Schwester in den Arm: „Laß uns noch eine Nacht darüber schlafen." Der Ruppich schnarchte derweilen, daß sich die Balken bogen.

Aus der Tiefe des Sees

Am anderen Morgen beschlossen die Kinder auszureißen. Sie wollten sich heimlich davonschleichen, aber Ruppich hatte etwas gemerkt. Er folgte ihnen, hielt sie fest und jammerte: „Ihr dürft nicht fortgehen, jetzt noch nicht. Bleibt bei mir, bitte!"
Kathrin und Tobias wunderten sich. So hatten sie den Zwerg noch nie erlebt. Sie warfen sich einen fragenden Blick zu. Sollten sie noch einen Tag...?
„Ich setz' jetzt Wasser auf für den Fisch", sagte Kathrin und ging zurück in die Blockhütte. Tobias nahm den weinenden Ruppich bei der Hand: „Ich glaube, wir haben dich heute noch nicht gewaschen."
Am Nachmittag ereignete sich noch etwas, das die Kinder bewog, dazubleiben. Sie entdeckten, wie der kleine Ruppich tanzte hinter dem Haus, für sich alleine und hingegeben an eine eigenartige Melodie, die er vor sich hinsummte.
Jetzt begann er zu singen, schwermütig, traurig:

„Erdmuhme meine Mutter ist,
die mich zu pflegen nicht vergißt.
Mein Vater ist der Wassermann,
auch er besucht mich dann und wann.
Der Ruppich tanzt in Wald und Feld,
auch wenn er keinem recht gefällt."

War er ein Waisenkind, der kleine Ruppich? Seine Mutter eine Erdmuhme, sein Vater ein Wassermann... vielleicht der vom See drunten?
Irgendwie war er doch liebenswert, der kleine häßliche Zwerg.
„Wir sollten ihm helfen, dem armen Ruppich", sagte Tobias.
Kathrin stimmte zu: „Du meinst, damit er nicht so traurig ist?"
„Ja, bleiben wir noch einen Tag."
Sie gingen auf den Zwerg zu, faßten ihn bei den Händen und tanzten und spielten mit ihm. Und je mehr sie sich um ihn kümmerten, desto mehr gewannen sie ihn lieb. Sie sahen nicht mehr seine struppigen Haare, nicht mehr die Warzen in seinem Gesicht, nur noch die Augen, die traurigen wasserblauen Augen.
„Am liebsten würde ich ihn mit zu uns nehmen", sagte Kathrin, als sie später wieder allein waren.
„Hast wohl Mitleid mit ihm", meinte Tobias.
„Nein du, ich hab' ihn gern. Ich hab' ihn liebgewonnen an diesem Nachmittag."
Tobias überlegte: „Ich eigentlich auch."

Dann kam der Abend, und der brachte noch einmal eine Überraschung. Als der Fischer den Fisch brachte, legte er für einen Moment die Sonnenbrille ab. Da blickten die Kinder in zwei wasserblaue Augen. Es waren die gleichen Augen, wie sie auch der kleine Ruppich hatte. War der Fischer Ruppichs Vater? War er gar der Wassermann vom See?
Wieder sang Ruppich sein Lied. Bei den letzten Worten

„Der Ruppich tanzt in Wald und Feld,
auch wenn er keinem recht gefällt."

rollten ihm die Tränen über die Wangen. Da ging Kathrin auf den Kleinen zu, streichelte ihm übers struppige Haar und sagte: „Das ist doch gar nicht wahr. Uns gefällst du, wie du bist. Der Tobias und ich, wir haben dich nämlich lieb."
Der Kleine schaute auf, und mit tränenüberströmtem Gesicht fragte er: „Ist das wahr, wirklich wahr?"
„Ja, das ist wahr, wir haben dich lieb", bestätigte Tobias.
In diesem Augenblick ging die Türe auf, und die Frau mit den langen braunen Haaren betrat die Hütte. Ruppich sprang auf und rannte auf sie zu. „Mutter, Mutter", rief er, „sie haben mich lieb, die zwei haben mich lieb. Schenk' ihnen die Perle der Liebe, bitte!"
Zum erstenmal lächelte die Frau: „Ihr habt unseren Sohn sehr glücklich gemacht, ihr zwei Menschenkinder. Wir danken euch."
„Ist das... ist der Ruppich euer..."? fragte Tobias.
„Ja, das ist unser Sohn. Der Sohn des Wassermanns, der uns täglich in der Gestalt eines Fischers besucht, der Sohn des Wassermanns vom See und auch mein Sohn."
„Und wer bist du?" wollte Tobias wissen.
„Ich bin die Erdmuhme, die in den Wurzeln dieses Waldes lebt, die ihn schützt und bewacht, soweit dies heute noch möglich ist."
Kathrin hatte über etwas nachgedacht, jetzt sah sie den Fischer, den Wassermann an und fragte: „Warum hast du von uns die kleine Nixe haben wollen, wo wir die doch sowieso in den See bringen wollten?"
„Es war eine Prüfung", sagte der Fischer, „ich wollte wissen, ob ihr die kleine Nixe wirklich liebhabt oder ob ihr sie verraten, sie hergeben würdet zu eurem Vorteil."
„Auch eure Arbeit hier war eine Prüfung", erklärte die Wurzelmuhme. „Ich wollte erfahren, ob ihr Mitleid habt mit dem kranken und manchmal bösen Wesen, dem Ruppich, und ich wollte prüfen, ob sich eure Mitleid in Liebe verwandelt."

„Aber der Ruppich ist nicht böse“, protestierte Kathrin.
„Nicht mehr“, sagte die Erdmuhme, „eure Liebe ließ ihn das Böse vergessen“.
Jetzt drehte der Ruppich den Kindern sein Gesicht zu. Nicht zu fassen: alle Warzen waren abgefallen. Ein reines Jungengesicht schaute sie an. Es glich ein wenig dem Alex.
Mit ausgebreiteten Armen ging die Wurzelmuhme auf die Kinder zu: „Eure Liebe hat ihn verwandelt.“
Der Fischer wandte sich zum Gehen: „Es wird schon dunkel. Ich erwarte euch am See.“
„Ist gut. Ich werde den Kindern unsere Geschichte, die Geschichte der Perle der Liebe, erzählen“, sagte die Wurzelmuhme. Sie setzte sich mit Kathrin, Tobias und Ruppich um den Tisch und begann:
„Als die Habsuchtszwerge vor langer Zeit der Zukunft die Perle der Liebe raubten und diese Perle dann in den See warfen, damit sie dort für immer verschwunden sei, da fing der Wassermann den kostbaren Schmuck auf. Zusammen mit seinen Nixen vergrub er die Perle in der Tiefe des Sees. Damals beschlossen der Wassermann, die Nixen und ich, diese wunderbare Perle verborgen zu halten und sie nur einem Menschenkind zu geben, das selbst Liebe schenken kann. Wir wußten, daß ihr kommen würdet, wir wußten, daß ihr auf der Suche wart nach der Perle, um sie der kranken Zukunft zurückzubringen. Aber wir mußten euch zuerst prüfen in eurer Liebe zu anderen Wesen. Sechs Tage haben wir euch zugebilligt, mehr nicht. Heute ist der vierte Tag.“
„Dann bekommen wir die Perle heute schon?“ fragte Tobias.
„Ja, ihr sollt sie schon heute haben“.Die Wurzelmuhme stand auf: „Gehen wir zum See. Der Wassermann erwartet uns.“
Der Mond stand schon am Himmel, als sie den kurzen Weg zum See hinunter gingen. Es war stille. Nur ab und zu zirpten einige Grillen. Reglos lag der See da. Der Mond hüllte ihn in ein magisches Licht.
Auf einmal ein Rauschen, ein Kräuseln des Wassers. Aus der Tiefe des Sees, doch nahe am Ufer tauchte der Wassermann empor. Er trug ein silbernschillerndes Schuppengewand und in seiner Hand hielt er einen dreizackigen Stab. An den wasserblauen Augen erkannten die Kinder den Fischer wieder. Aber hier sah er mächtig aus. Wie ein Herr des Wassers stand er da. „Bringt uns die Perle“, rief der Wassermann mit dunkler Stimme auf den See hinaus und hob seinen Stab.
Eine zarte leise Musik erklang. Und mit dieser Musik öffneten die Wasserrosen in der Mitte des Sees ihre weißen Blüten. Das sah wunderschön aus. Nixen tauchten auf. Sie ließen ihre langen weißen Haare übers Wasser gleiten und sangen:

„Im Wasser verborgen
als Hoffnung für morgen
die Perle wir hüten.
Nun wächst aus den Blüten
der Rosen empor,
was einst sich verlor.“

Kathrin und Tobias suchten nach der kleinen Nixe. Die singenden Nixen hier waren alle viel größer. Wo mochte wohl die kleine Freundin sein? Da! Da erschien sie plötzlich inmitten der Wasserrosen. In den Händen hielt die kleine Nixe eine Perle, die im Mondlicht wundersam aufleuchtete.
„Ist das schön“, flüsterte Kathrin.
„Bring uns die Perle“, rief der Wassermann noch einmal. Da schwamm die kleine Nixe zum Ufer her und gab dem Wassermann die Perle. Den Kindern aber winkte sie zu: „Ich hab' euch nicht vergessen!“
Der Wassermann wandte sich an die Kinder: „Ihr habt nun die Perle der Liebe gefunden. Ob ihr sie auch schon tragen könnt, ist eine andere Frage.“
„Ist sie denn so schwer?“ wollte Tobias wissen.
„O ja, die Perle der Liebe ist sehr schwer für ein Menschenkind“, sagte der Wassermann, „aber keine Sorge, die Erdmuhme wird euch jetzt zu den Wurzelwichten bringen. Sie wird die Perle für euch tragen“.
„Und ich?“ fragte Ruppich.
„Du darfst natürlich mit“, lachte der Wassermann. Dann gab er der Wurzelmuhme die Perle und verschwand wieder in der Tiefe des Sees. Auch die Nixen tauchten unter, die Wasserrosen schlossen ihre Blüten. Nur der Mond spiegelte sich noch im Wasser und hüllte den See in ein märchenhaftes Licht.
„Kommt jetzt“, sagte die Wurzelmuhme.
Kathrin stöhnte leise: „Huh, das ist jetzt noch ein weiter Weg!“
„Nicht so weit, wie du denkst“, erklärte die Wurzelmuhme, „ich führe euch durch meine Höhle“.
Sie gingen zurück zur Blockhütte. Der kleine Ruppich hüpfte vergnügt vorneweg. „Hol' die Lampe“, sagte die Wurzelmuhme, als sie bei der Hütte waren. Ruppich holte eine Laterne und stieg als erster in die Höhle. Die Wurzelmuhme und die Kinder folgten.
Zunächst ging es ein paar Stufen abwärts, dann durch Wurzelwerk und Gestein eben weiter. Manchmal kreuzten kleine Rinnsale den Höhlenweg. Schließlich kamen sie vor eine Felswand.
„Was nun?“ fragte Tobias. Die Wurzelmuhme lächelte: „Wart's ab, ihr werdet

staunen". Sie legte ihre Hand an die Felsplatte und sagte leise: „Öffne dich, mein Fels". Da schob sich die Felswand auseinander. Einen Schritt noch, dann standen die Kinder – sie konnten es kaum fassen – in der Höhle der Wurzelwichte. Die schienen sie schon erwartet zu haben. Fröhlich umtanzten sie Kathrin und Tobias, klatschten in die Hände und riefen: „Sie haben die Perle der Liebe, sie haben die Perle der Liebe gefunden!"
Der große Wicht blieb vor der Wurzelmuhme stehen: „Gib mir die Perle. Wir werden sie hier aufbewahren, bis auch die letzte Perle, die Perle der Weisheit, gefunden ist."
Die Wurzelmuhme öffnete die Hand, in der sie die kostbarste der sieben Perlen sorgsam geborgen hatte, die Perle der Liebe. Einen Augenblick lang erstrahlte die Höhle in einem wunderbaren hellen Licht. Andächtig griff der große Wicht nach der Perle, die wie die anderen für die kranke Zukunft bestimmt war. Dann legte er sie vorsichtig in den Felsentresor.
Als Tobias das sah, bemerkte er fast ein wenig beleidigt: „Der Wassermann hat gesagt, daß die Perle der Liebe sehr schwer sei und daß wir sie nicht tragen könnten. Aber da, der kleine Wicht trägt sie ja ganz einfach weg, und er ist doch kleiner und schwächer als wir."
„Das tut nichts zur Sache", erklärte die Wurzelmuhme, „die Perle der Liebe ist zu schwer für euch, weil ihr zuhause etwas noch nicht wieder in Ordnung gebracht habt, etwas, das mit Liebe zusammenhängt."
Die Kinder schauten erstaunt auf: „Was denn?!"
„Das mit dem Jungen da, der euch verleumdet hat", erinnerte der Wicht, „so ganz tief verborgen in eurem Herzen drinnen habt ihr ja doch noch eine Wut auf ihn."
Der kleine Ruppich ging auf Kathrin und Tobias zu: „Keine Wut mehr haben, bitte nicht, das ist nicht gut für euch und nicht für die Perle der Liebe." Er machte ein trauriges Gesicht, der Zwerg Ruppich, den sie liebgewonnen hatten. Und wie er so etwas finster dreinblickte, glich er auf einmal wieder dem Alex.
Tobias schüttelte den Kopf: „Wir haben keine Wut mehr."
„Bestimmt nicht",versprach auch Kathrin.
Da wieherten plötzlich draußen vor der Höhle die Gedankenpferdchen. „Es ist Zeit zum Heimflug", sagte der große Wicht, „wir erwarten euch morgen, wenn's' geht. Die Perle der Weisheit fehlt noch. Wenn wir die haben, wenn alle sieben Perlen beisammen sind, dann holen wir ein paar von den Zwergen unter der Erde, die das Gold und Silber hüten. Die können die Perlen dann einfassen und sie mit der neuen Schicksalskette verbinden. Die haben ihre Goldschmiede nämlich bereits angefertigt".

Der kleinste Wicht klatschte vergnügt in die Hände: „Und dann gehen wir alle zusammen ins gläserne Schloß zur kranken Zukunft und bringen ihr die Kette."
„Und dann wird sie wieder gesund", freute sich Kathrin.
Der große Wicht wiegte seinen Kopf hin und her: „Das hoffen wir doch, aber es hängt auch noch vieles von euch Menschen ab."
Wieder wieherten die Gedankenpferdchen.
„Ihr müßt jetzt gehen", sagte der Wicht.
„Wir kommen morgen bestimmt", versprach Tobias.
Die Kinder verabschiedeten sich von den Wurzelwichten, der Wurzelmuhme und besonders herzlich vom kleinen Ruppich. Dann flogen sie mit ihren Gedankenpferdchen in den Nachthimmel hinauf. Aber wieder schliefen sie während des Fluges ein. Und als sie dann unter dem Kirschbaum aufwachten, war es glokkenheller Tag.
„Wie lange waren wir wohl weg?" fragte Kathrin.
Tobias zuckte mit den Schultern: „Weiß nicht. In der Welt der Gedanken waren es vier Tage. Aber die Wurzelmuhme meinte, daß dies hier auch nur ein paar Atemzüge gewesen sein könnten. Wir werden sehen."

Versöhnung

Inzwischen hatte sich auf dem Bauernhof so einiges ereignet. Dem jungen Lehrer Pit war die Geschichte mit den freigelassenen Schweinen zu Ohren gekommen und, daß Alex, der Nachbarjunge, Kathrin und Tobias beschuldigt hatte, die Stalltüre und die Boxen heimlich aufgemacht zu haben. Das konnte Pit sich eigentlich nicht vorstellen. Und so knöpfte er sich den Alex vor. Wußte er doch, daß dieser Junge im Dorf als hinterhältig verschrien war und daß niemand ihn zum Freund haben, ja nicht mal mit ihm spielen wollte. Eigentlich konnte er einem ja leid tun..

„Alex", sagte Pit mit ruhiger Stimme, „du warst es doch, der die Schweine herausgelassen hat."

Alex sah zu Boden und schwieg. Kein Widerspruch. Da wußte der Lehrer Pit, daß er wohl auf dem rechten Wege war: „Du hast den Tobias und die Kathrin ärgern wollen. Warum? Erzähl' mir, warum du sie nicht leiden kannst. Das muß doch einen Grund haben. Erzähl' mir's. Vielleicht kann ich dich sogar verstehen."

Zunächst bockte Alex. Dann brach es plötzlich aus ihm heraus: „Ach die, die können da herumfaulen die ganze Ferienzeit, können spielen und machen, was sie wollen. Und ich, ich muß mit den Eltern aufs Feld. Das ist ungerecht. Die sollen auch mal was tun müssen."

„Irgendwie versteh' ich dich schon", erklärte Pit, „aber ich muß dir dazu etwas sagen: der Tobias und die Kathrin wohnen in der Stadt in einem Hochhaus. Da gibt's keinen Garten, keine Felder und Wiesen, wo sie sich austoben können. Was denkst du, wie die glücklich sind hier bei uns. Willst du ihnen das vermiesen?"

Alex überlegte: „Nein, will ich nicht, aber... aber warum muß ich immer mit aufs Feld, immer arbeiten, auch daheim. Die anderen Kinder haben alle viel mehr Zeit für sich."

„Da hast du recht. Ich werd' mal mit deinen Eltern darüber reden", versprach Pit. „Nächsten Samstag, da proben wir für unser Fest am Sonntag. Da mußt du doch dabei sein."

„Aber die anderen Kinder mögen mich doch nicht."

„Die mögen dich schon, wenn ich dich mitbringe. Das laß nur meine Sorge sein."

„Tust du das wirklich?"

„Natürlich tu' ich das. Und du entschuldigst dich bei Kathrin und Tobias." Alex

zögerte einen Augenblick. Dann sagte er: „Na ja. Mach' ich."
„Gut, dann gehen wir jetzt zusammen zum Nachbarhof hinüber und erzählen dem Bauer und der Bäuerin, wie es wirklich war mit den Schweinen. Einverstanden?"
Alex nickte. Doch ganz wohl war ihm dabei nicht. „Aber du gehst mit", bat er Pit.
„Klar geh ich mit dir."
So erfuhr man auf dem Hof, daß der Alex am Morgen den Schweinestall geöffnet und die Tiere herausgelassen hatte. Der Bauer wollte dem Jungen eine runterhauen, aber Pit hielt den verärgerten Mann zurück: „Bitte nicht. Alex will sich doch entschuldigen, auch bei Kathrin und Tobias. Wir müssen dem Alex jetzt eine Chance geben."
„Meinetwegen, es ist ja noch einmal gut abgegangen", brummte der Bauer. „Na, und mein Garten!" gab die Bäuerin zu bedenken.
„Alex, tu das nie wieder!"
„Versprochen", sagte Alex.
In diesem Moment kamen Kathrin und Tobias auf den Hof. Fast vier Stunden waren sie weggewesen, und nun hatten sie ein schlechtes Gewissen, ob sie wohl zu spät zum Mittagessen kämen. Da sahen sie Pit und Alex beim Bauern und bei der Bäuerin stehen. Was war wohl jetzt schon wieder los?
Alex ging den beiden Stadtkindern zögernd entgegen und sagte leise und verlegen: „Ich hab' die Säu rausgelassen. Tschuldigt bitte."
Kathrin und Tobias waren verblüfft. Alex und sich entschuldigen, so was gab's doch nicht. Da steckte sicher Pit dahinter. Tobias reichte dem Alex betont großmütig die Hand:
„Vergiß es."
„Ich... ich möchte gerne etwas für euch tun", stotterte Alex, „aber ich weiß nicht, was".
„Aber ich weiß es", sagte Kathrin, „du, ich hab' gesehen, du hast da schon wunderschöne Kränze von getrockneten Blumen gemacht. Die gefallen mir arg gut. Kannst du auch für uns so einen Blumenkranz machen. Wir kaufen ihn dir auch gerne ab."
Alex strahlte: „Findet ihr meine Kränze wirklich so schön? Es sind doch bloß Strohblumen und getrocknete Gräser."
„Aber du bindest sie besonders schön", erklärte Kathrin.
Nun schaute Alex ganz glücklich drein. Da hatte ihn doch tatsächlich jemand gelobt. „Ich schenk' euch so einen Kranz", sagte er, „dann habt ihr in der Stadt immer einen Gruß von uns vom Dorf."

„O, das wäre schön“, freute sich Tobias.
Alex überlegte: „Meint ihr, daß sich die Bäuerin auch über so einen Blumenkranz von mir freuen tät? Schließlich bin ich schuld, daß ihr Garten...“
„Klar, tät die sich freuen“, versicherte Kathrin.
Damit war die Harmonie auf dem Bauernhof wieder hergestellt, und ein glücklicher Alex rannte nach Hause.
Pit blieb zum Mittagessen. Warum, das erfuhren die Kinder später. Für den Nachmittag hatte sich nämlich Besuch angesagt. Ein Ehepaar mit einem behinderten Kind, der kleinen Elianne, kam zu den Bauersleuten. Und Pit sollte sich ein wenig um die Kleine kümmern, damit die Eltern ausspannen konnten.
„Wir helfen dir dabei“, erklärte Kathrin, und leise zu Tobias: „Schließlich sind wir auch mit dem Ruppich fertiggeworden.“
„Und haben ihn sogar liebgewonnen“, meinte Tobias.
Elianne war ein hübsches Mädchen, aber sie konnte mit ihren sechs Jahren noch nicht sprechen und schien auch nur wenig zu verstehen. Füttern mußte man sie, wie den kleinen Ruppich. Dabei war sie unruhig und manchmal unduldsam.
„Schade, sie hat so schöne Augen. Es ist als ob ihre Seele da herausleuchtet“, sagte Kathrin.
Plötzlich kam ihr eine Idee. Leise fragte sie den Bruder: „Ob ich der Elianne von unserer Reise zur Perle der Liebe erzählen soll? Was meinst du?“ Im Stillen dachte sie dabei, daß dann auch Pit etwas von dieser Reise erfahren würde.
„Na klar, mach’. Warum nicht“, sagte Tobias.
So begann Kathrin leise, aber mit vielen Gesten, auf das kleine behinderte Mädchen einzureden. Sie erzählte von ihrer Reise zu den Wurzelwichten, von den Nixen, dem Wassermann, der Wurzelmuhme und dem kleinen Ruppich. Seltsam, Elianne wurde auf einmal ruhig, hörte zu. Als Kathrin dann von der Perle der Liebe sprach, wie sie aus der Tiefe des Sees emporgehoben wurde und im Mondlicht leuchtete, da ging auch über das Gesicht der kleinen Elianne ein Leuchten.
„Ich glaub’ bald, das hat sie verstanden“, bemerkte Tobias.
„Sicher hat sie das verstanden“, meinte Pit, „behinderte Menschen wissen oft mehr, als wir ahnen. Sie leben manchmal in einer anderen, in einer tieferen Welt.“
Beim Abschied am späten Nachmittag zog die kleine Elianne Kathrin zu sich her und gab ihr einen Kuß. „So was hat sie noch nie getan“, stellten die Eltern der Kleinen erstaunt fest.
„Ich glaube, sie hat mich ein wenig liebgewonnen“, freute sich Kathrin.
Als dann Pit, Kathrin und Tobias wieder allein waren, sagte der junge Lehrer,

der bei Kathrins Erzählung mit großem Interesse zugehört hatte: „Das war eine wunderschöne Geschichte, Kathrin."
„Aber wir haben das doch alles erlebt", erklärte Tobias.
„Auf einer Gedankenreise?" fragte Pit.
„Ja, auf einer unserer Gedankenreisen", bestätigte Tobias. Und dann berichteten die Kinder dem großen Freund noch mehr von ihren Erlebnissen. Auch von den anderen Perlen, die sie an den Tagen zuvor gefunden hatten.
„Warum ist die Perle der Liebe so schwer, daß Menschen sie nicht tragen können?" fragte Kathrin.
„Vielleicht weil die Liebe in unserer Welt auch so schwer ist", meinte Pit.
„Wieso?"
„Wir müssen immer an uns arbeiten, damit wir uns die rechte Liebe bewahren."
„Wie meinst du das?" fragte Tobias.
Pit dachte nach. Dann sagte er: „Nimm die Liebe zu dem kleinen behinderten Mädchen. Für einen Nachmittag ist sie leicht zu schenken. Aber so ein Kind zu betreuen, tagtäglich, da gehört viel Geduld dazu. Da wird es der Liebe manchmal schwer gemacht. Sie muß schon sehr groß sein."
„Unsere Eltern lieben sich, glaube ich, auch", warf Kathrin ein. „Ist so eine Liebe auch schwer? Die sind ja gesund."
„Sicher ist so eine Liebe auch schwer und wird immer wieder auf die Probe gestellt", antwortete Pit, „weil eben nicht alles so leicht ist, wie es im großen Glück den Anschein hat".
Nun kam Tobias mit einer schwierigen Frage: „Der Wassermann, die Erdmuhme und die Wichtel, ja sogar die kleine Nixe haben die Perle der Liebe ohne Schwierigkeit getragen. Aber für uns sei sie zu schwer, weil wir hier auf den Alex noch eine Wut hätten, so hat die Wurzelmuhme gesagt. Was hat das mit Liebe zu tun, der Streit zwischen Alex und uns?"
Pit wurde ernst: „Es gibt eine Liebe zwischen Mann und Frau, zwischen Eltern und Kindern. Es gibt aber auch eine Liebe zur Natur, zu den Tieren und zu den Menschen, die uns so im Leben begegnen. Und diese Liebe ist wohl am schwersten. Den anderen lieben, wie er ist, mit all seinen Fehlern, das ist nicht leicht."
„Aber wenn mir einer Unrecht tut, dann kann ich ihn doch nicht lieben, dann muß ich mich doch wehren", meinte Tobias, „oder vielleicht nicht?"
„Doch, du sollst dich wehren, ja", erklärte Pit, „aber du sollst dabei die Perle der Liebe nicht vergessen, damit dieses ‚sich wehren' nicht zum Haß wird. Da ihr beiden die Wut auf Alex in euch überwunden habt, wird auch die Perle der Liebe für euch nun gewiß schon ein wenig leichter sein. Versteht ihr das?"
„Ich glaub' schon", erklärte Tobias.

„Dann können wir ja morgen die Perle der Weisheit holen“, meinte Kathrin.
„Pit schmunzelte: „Die Perle der Weisheit? Ihr habt euch ja viel vorgenommen. Na, da nehmt mal lieber Großmutter mit. Die versteht mehr von der Weisheit als wir drei zusammen.“
Die Kinder waren begeistert: „Keine schlechte Idee. Aber, ob Großmutter da mitfliegt?“
Noch am selben Abend ging Pit zu Großmutter und erzählte ihr von dem Gespräch, das er mit Kathrin und Tobias gehabt hatte. „Morgen wollen sie die Perle der Weisheit suchen, da solltest du sie begleiten“, schlug er vor. „Geht das?“
Großmutter war einverstanden. „Als ob ich so was geahnt hätte“, sagte sie. „Das Mittagessen für morgen ist schon fertig. Da kann ich mir den Vormittag für die Kinder frei nehmen.“

Die siebte Perle

Am Morgen war Kathrin früh aufgestanden. Sie ging gleich in die Küche und half beim Frühstückrichten. Dann deckte sie den Tisch. Die Bäuerin staunte über den Eifer des Mädchens. Großmutter aber schmunzelte. „Laß uns allein“, sagte sie leise zu ihrer Schwiegertochter. Darauf hatte Kathrin nur gewartet. Aufgeregt und etwas unsicher begann sie auf die alte Frau einzureden: „Großmutter hast du nachher ein bißchen Zeit für uns? Wir täten dich gerne etwas fragen. Weißt du, wir möchten... wir möchten, daß du... daß du...“

„Mit uns die Perle der Weisheit suchst“, ergänzte Großmutter.

Fassungslos schaute Kathrin die alte Frau an: „Woher weißt du?“

„Das ist jetzt mein Geheimnis.“

„Pit?“

„Ja.“

„Und? Gehst du mit uns?“

„Gleich nach dem Frühstück ziehen wir zusammen los, damit wir bis Mittag wieder zu Hause sind.“

„Au fein“, freute sich Kathrin.

„Du, es klappt“, sagte sie zu Tobias, als der zum Frühstück kam. Die Kinder aßen schnell und hastig. Aber das half ihnen gar nichts, denn die Erwachsenen ließen sich Zeit.

Endlich war es so weit. Großmutter stand auf. Sie räumten den Tisch ab. Dann wanderten sie alle drei zum Kirschbaum hinüber. Unterwegs deutete die Großmutter den Kindern an, daß das gar nicht so einfach sei mit der Perle der Weisheit. Diese Perle könne man nicht finden. Die Perle der Weisheit werde einem geschenkt oder auch nicht.

„Aber wer soll uns die Perle der Weisheit schenken?“ fragte Tobias. „Sie ist doch von den Habsuchtszwergen geklaut worden. Und die schenken sie bestimmt nicht wieder her.“

„Warten wir's ab und machen wir erst einmal unsere Gedankenreise“, meinte Großmutter. Als sie zum Kirschbaum kamen, standen da schon drei Gedankenpferdchen und warteten, die zwei kleinen für Kathrin und Tobias und ein größeres für die Großmutter.

„So was, sind die doch heut' ganz von alleine gekommen“, wunderte sich Tobias.

Zunächst ging es zu den Wurzelzwergen. Dort gab es noch eine freudige Überraschung. In der Höhle bei den Wichten saß Schuschuhu, die Eule.

„Schuschuhu, was tust du denn hier?“ rief Kathrin, als sie die Eule sah.

„Ich muß doch dabei sein, wenn eine neue Schicksalskette für die kranke Zukunft entsteht“, krächzte Schuschuhu.
Großmutter schien die Wurzelwichte bereits zu kennen. Sie ging auf den großen zu und bat ihn, ihr die anderen Perlen im Felsentresor zu zeigen.
„Das geht nicht“, erklärte der, „fünf der Perlen haben unsere Goldschmiede, die Zwerge unter der Erde. Sie sind gerade dabei, die neue Schicksalskette zu schmieden und feinen Golddraht durch die Perlen zu ziehen. Nur die sechste Perle, die Perle der Liebe, ist noch bei uns. Die braucht ihr nämlich für die Perle der Weisheit.“
„Wieso denn das?“ fragte die Großmutter.
„Die Perle der Liebe und die Perle der Weisheit gehören eigentlich zusammen“, erklärte der kleine Wicht.
„Ach, weißt du“, seufzte der große, „das ist eine schwierige Sache mit der Perle der Weisheit. Da haben sich die Habsuchtszwerge etwas ganz Verrücktes ausgedacht. Damit diese Perle ja niemand finden kann, haben sie ein Loch in eine Gletscherwand gebohrt, die Perle hineingelegt und Wasser draufgegossen“.
„Hm“, machte Großmutter, „und nun ist die Perle in der Gletscherwand eingefroren“.
„So ist es“, bestätigte der Wicht, „wir kennen zwar das Gletschertor, die Gletscherwand, in der die Perle eingefroren ist, aber diese Gletscherwand ist groß, und wir wissen nicht genau, wo sie die Perle versteckt haben.“
„Dann müssen wir eben die ganze Gletscherwand aufhacken“, meinte Tobias.
Der Wicht lachte: „Nein, mein Junge, das geht nicht.“
„Wie kriegen wir dann die Perle der Weisheit?“ wollte Kathrin wissen.
Der zweite Wicht ging zum Felsentresor, holte die sechste Perle heraus und gab sie der Großmutter: „Dafür ist die Perle der Liebe da.“
„Das müßt ihr uns schon näher erklären“, bat die alte Frau.
„Du hast recht“, sagte der große Wicht, „also paßt gut auf, ihr drei. Ihr fliegt jetzt mit euren Gedankenpferdchen zum blauen Gletscher. Die Pferdchen kennen den Weg. Ihr findet dort ein großes Gletschertor, in das ihr hineingehen könnt. Irgendwo in der Eiswand muß die Perle der Weisheit liegen. Du, Großmutter, behalte die Perle der Liebe fest in deiner Hand, aber beobachte sie. Die Perle der Liebe wird aufleuchten, wenn sie in die Nähe der Perle der Weisheit kommt.“
„Toll ist das“, stellte Tobias fest, „dann müssen wir dort bloß noch das Eis aufhacken“.
„Nur ja nicht“, rief der kleine Wicht, „ihr könntet die Perle beschädigen“.
„Was dann? Was sollen wir dann tun?“
„Gar nichts. Abwarten. Die Perle der Weisheit zu finden, erfordert Geduld.“

„Und wie kommen wir dann zur Perle der Weisheit?“ fragte die Großmutter.
Der große Wicht schaute die alte Frau eindringlich an: „Halte du die Perle der Liebe an die Eiswand. Das Eis wird schmelzen und die Perle der Weisheit freigeben.“ Dann wandte er sich an die Kinder: „In dieser Zeit darf keiner von euch dreien ein Wort sprechen. Ihr müßt schweigen, bis die Perle befreit ist.“
„Warum“ fragte Kathrin.
„Weil sonst das Eis nicht schmelzen kann.“
„Versteh' ich nicht“, erklärte Tobias.
„Das ist eines der Geheimnisse, die keiner von uns je verstehen wird“, bedeutete der Wicht.
Großmutter schloß ihre Hand fest um die Perle der Liebe: „Die darf ich ja nicht verlieren.“
Kathrin hatte eine Idee: „Das Säckchen der Weberin! Nimm dieses Säckchen.“
Einer der Wichte holte es und gab es der Großmutter.
Kathrin schaute auf die Perle der Liebe: „Darf ich sie in das Säckchen legen? Wir sind doch jetzt wieder gut mit dem Alex, und dann, hat der Pit gesagt, dann sei die Perle auch nicht mehr zu schwer für uns.“
Die Wichte lachten: „Ist sie jetzt auch nicht mehr. Nimm sie ruhig.“
Kathrin nahm die Perle der Liebe in die Hand und hielt sie fest. O, die Perle war gar nicht mehr schwer für Kathrin.
„Laß mich auch mal“, bat Tobias. Auch er konnte die Perle halten.
Großmutter mahnte zum Aufbruch: „Die Gedankenpferdchen stehen bereit. Legt jetzt die Perle in das Säckchen. Auf was warten wir noch?“
Es war ein wunderschöner Flug über sonnenbeschienenes Land, über ein weites Meer und über schneebedeckte Berge hinweg. Jetzt ließen sich die Gedankenpferdchen langsam abwärts gleiten. Auf einer Fläche zwischen hohen weißen Bergen landeten sie mitten im Geröll. „Vorsichtig absteigen, damit ihr euch nicht die Füße verknackst“, warnten sie.
Tatsächlich lagen hier überall große und kleine rundgeschliffene Steine herum. Ein Rinnsal floß durchs Geröll. „Immer dem Bach nach, dort hinüber. Wir warten hier“, wieherte Großmutters Pferd.
Die drei stapften los. Roter Gletscherhahnenfuß blühte zwischen den Steinen. Schließlich standen sie vor einer großen Eiswand. Und mitten in diese Eiswand hinein führte ein Tor, auch aus Eis. „Das Gletschertor“, erklärte die Großmutter. „Hier drinnen irgendwo im Eis muß die Perle liegen.“
Sie gingen ins Gletschertor hinein. Ein dünner Bach floß ihnen entgegen. Jetzt öffnete die Großmutter das Säckchen, holte vorsichtig die Perle der Liebe heraus und tastete mit ihr die Wände ab. Nichts! – Die Perle blieb dunkel, und auch im

Gletscher wurde es dunkler und enger.
„Nimm die andere Seite der Eiswand“, schlug Kathrin vor.
„Ja gleich“, nickte Großmutter, „da wo's für uns zu eng wird, da wechsle ich auf dem Rückweg auf die andere Seite“.
Sie mußten sich bücken. „Soll ich weiter hineinkriechen?“ fragte Tobias. Großmutter wollte das nicht. Sie tastete sich mit der Perle auf der anderen Seite des Gletschertores langsam wieder zurück.
Da plötzlich ein helles Schimmern. Die Perle der Liebe leuchtete auf. Großmutter blieb stehen, legte den Finger an den Mund und bedeutete den Kindern, zu schweigen. Die Perle aber hielt sie ans Eis.
Langsam, Tropfen für Tropfen taute nun etwas Eis ab. Vor der Perle der Liebe bildete sich allmählich eine handflächengroße Höhlung. Großmutter fühlte mit der Hand hinein, aber da war keine Perle. Eine lange Zeit verging. Kathrin wurde ungeduldig. Sie wollte losplappern, bekam aber noch rechtzeitig vom Bruder einen Stups. Geduld war angesagt, und das fiel schwer.
Als es den Kindern doch zu lange dauerte und sie – jeder für sich – im Stillen beschlossen, jetzt einfach wieder zu den Gedankenpferdchen zu gehen, da leuchtete auf einmal das Gletschertor in allen Farben des Regenbogens auf. Großmutter aber zog aus dem Eisloch eine wundersame Perle hervor: die Perle der Weisheit. Zwei strahlende Perlen lagen nun auf der Hand der alten Frau. Sie zeigte sie den Kindern und flüsterte: „Die Perle der Liebe hat die Perle der Weisheit gefunden und aus der Starre des Eises befreit. Die beiden Perlen gehören zusammen. Auch das ist wohl ein wunderbares Geheimnis.“
„Dürfen wir jetzt wieder sprechen?“ fragte Kathrin.
„Ja, das dürfen wir“, sagte die Großmutter und steckte die kostbaren Perlen in das Säckchen der Weberin.
Die Gedankenpferdchen hatten inzwischen geduldig gewartet. Nun flogen sie in Windeseile zurück, und noch ehe sich die Kinder versahen, standen sie wieder vor der Höhle der Wurzelwichte.

Eine neue Schicksalskette

In der Höhle herrschte Hochbetrieb. Zu den Wurzelwichten und der Eule Schuschuhu hatten sich noch vier eigenartige Zwerge gesellt. Sie trugen ein braunes Wams, das mit goldenen Litzen und goldenen Knöpfen reich verziert war. Ihre silbergrauen Wuschelköpfe glitzerten mit dem Gold ihrer Kleidung um die Wette. Vor den Zwergen auf dem Tisch stand ein kleiner Ambos. Daneben lagen ein winziger Schmiedehammer und zwei zierliche Zangen.
Jetzt sahen Großmutter und die Kinder mitten auf dem Tisch auch die neue Schicksalskette. Sie war aus feinem Gold geschmiedet, und an ihren Gliedern hingen die fünf ersten Perlen, die Kathrin und Tobias gefunden hatten, zwei rechts, drei links. Nur in der Mitte fehlten noch zwei Perlen. Die vier glitzernden Zwerge aus der Goldschmiedewerkstatt unter der Erde sahen die ihnen fremden drei Menschen kritisch an. Dann fragte einer: „Habt ihr die zwei letzten Perlen mitgebracht?“
Großmutter öffnete das Säckchen der Weberin, holte die Perle der Liebe und die Perle der Weisheit heraus und gab sie den Zwergen. Die machten sich sogleich an die Arbeit. Sie zogen durch jede der Perlen ein Stück feinen Golddraht. Rechts und links dieser Golddrähte befestigten sie eine Öse. Dann hingen sie die Ösen in die Kette ein und zogen sie mit einer der kleinen Zangen fest. Dabei sangen sie:

„Um die Zukunft zu erretten,
schmieden wir die Schicksalsketten.
Schicksalsperlen sie verzieren,
keine darf sich je verlieren.
Sieben Perlen soll’n es sein,
fädelt sie in Golddraht ein.

Freude, Tatkraft, gutes Denken
und die Hoffnung wollen lenken,
damit stets erhalten bliebe
Weisheit, Phantasie und Liebe.
Sieben Perlen soll’n es sein,
hängt sie in die Kette ein.“

Ja, und dann war sie fertig, die neue Schicksalskette. Schön sah sie aus. In ihrer Mitte leuchtete die Perle der Liebe.

„So, das wäre geschafft", sagte einer der putzigen Goldschmiede. „Wir sind zufrieden", meinte ein anderer. „Möge die Kette der kranken Zukunft wieder Gesundheit und Glück bringen", wünschte der dritte. „Und wir steigen jetzt wieder in die Erde hinunter", erklärte der vierte Zwerg. Sie packten ihre Sachen, den kleinen Ambos, die zwei Zangen, das Hämmerchen und die restlichen Ösen und Golddrähte und verschwanden, ohne sich groß zu verabschieden, hinter einer Felsentüre.
„Ich sollte jetzt auch nach Hause zurück", erklärte die Großmutter. Kathrin wollte sie festhalten: „Nicht jetzt schon. Wir wollten doch..." Großmutter nahm das kleine Mädchen in den Arm: „Ihr beiden könnt doch noch hier bleiben. Ihr wollt ja sicher eure Aufgabe noch zuende führen und der kranken Zukunft die Schicksalskette bringen. Aber laßt mich jetzt gehen. Wir sprechen später noch über unsere Reise und all das, was sonst so geschehen ist und noch geschieht." Sie winkte den Wurzelwichten freundlich zu. Dann verließ sie die Höhle und flog auf ihrem Gedankenpferdchen davon.
Die Kinder blieben mit Schuschuhu bei den Wurzelwichten zurück.
„Was nun?" fragte Tobias. „Sollen wir die Kette jetzt der kranken Zukunft bringen?"
„Wir gehen jetzt alle zusammen ins gläserne Schloß zur kranken Zukunft und bringen ihr die neue Schicksalskette", sagte der große Wicht.
„Wir haben hier von unserer Höhle aus einen unterirdischen Gang, der direkt zum gläsernen Schloß führt", erklärte der zweite Wicht. „Und wer trägt die Kette?" fragte der Kleine.
Die Kinder schauten sich an. „Nehmt ihr sie in eure Obhut, damit ihr nichts passiert", schlug Tobias vor.
Die Wichte waren einverstanden. Der große legte die Kette in das Säckchen der Weberin und hängte es um. Der zweite Wicht streckte seinen Arm aus, damit die Eule Schuschuhu sich draufsetzen konnte. Der kleinste holte eine Lampe, öffnete eine Felsentüre und stieg als erster in den unterirdischen Gang: „Und jetzt folgt mir alle. Ich kenne diesen Weg am besten."
Sehr weit mußten sie nicht gehen, da führte eine Wendeltreppe steil aufwärts. Oben öffnete der kleine Wicht eine Türe, und schon standen sie im gläsernen Schloß der Zukunft.
Ein langer Flur führte die kleine Gesellschaft zu dem gläsernen Saal, in dem Kathrin und Tobias die Zukunft zum erstenmal gesehen hatten. Damals lag sie krank im Bett, und eine Norne der Vergangenheit pflegte sie.
Noch immer stand das Bett mitten im Saal. Aber die kranke Zukunft lag nicht mehr darin. Sie saß jetzt daneben in einem Lehnstuhl, ein blasses junges Mädchen.

„Es geht ihr wohl besser, der Zukunft, weil sie nicht mehr im Bett liegt“, meinte Kathrin.
„Seit sie weiß, daß ihr die Schicksalsperlen für sie sucht, seitdem geht es ihr besser“, bestätigte der kleine Wicht.
„Die Wunde an ihrem Hals ist ganz verheilt. Und es war eine schlimme Wunde, die ihr die Habsuchtszwerge beim Abreißen der Schicksalskette zugefügt haben.“
Sie traten näher. Da schaute das junge Mädchen auf. Es lächelte, als es die Kinder sah. Der große Wicht ging noch näher auf das Mädchen zu. Er holte die Kette aus dem Säckchen der Weberin, zeigte sie der kranken Zukunft und sagte: „Die beiden Menschenkinder haben alle sieben Perlen für dich gefunden. Und unsere Zwerge unter der Erde haben dir eine neue Schicksalskette geschmiedet. Ist sie nicht gut gelungen?“
Das junge Mädchen schaute wie gebannt auf das Schmuckstück: „Die neue Schicksalskette! Ihr bringt mir tatsächlich eine neue Schicksalskette! Und wie schön sie ist! Und sie hat wieder alle sieben Schicksalsperlen. Da, die Perle der guten Gedanken, die Perle des Tuns, die Perle der Hoffnung, und hier die Perle der Freude, die Perle der Phantasie und die Perle der Weisheit! Und da in der Mitte die Wichtigste, die Perle der Liebe. Ja, alle Schicksalsperlen sind hier eingeflochten. Und wie hell sie glänzen! O, ich danke euch. Jetzt kann ich wieder gesund werden.“
Der Wurzelwicht wandte sich an Kathrin und Tobias: „Kommt, ihr zwei. Auf was wartet ihr noch? Legt der kranken Zukunft die neue Schicksalskette um den Hals.“
Kathrin nahm die Kette, hielt sie an einem Ende fest und gab Tobias das andere Ende. Dann legten sie die neue Schicksalskette vorsichtig um den Hals des jungen Mädchens und machten den Verschluß zu. Kaum hatte die Kette den Hals der kranken Zukunft berührt, da streckte sich diese, als ob sie aus einem tiefen Schlaf erwacht sei. Sie stand auf und schaute sich im gläsernen Saal um. Schön sah sie jetzt aus, die Zukunft, wunderschön und gar nicht mehr krank.
Aus einer Nische kam die Norne der Vergangenheit, die das kranke Mädchen zuvor gepflegt hatte. „O welch schicksalsreicher Tag“, rief sie, „welch schicksalsreicher Tag! Das Leben geht weiter. Die Zukunft ist wieder gesund! Die Zukunft ist wieder gesund!“ Sie ging auf die Kinder zu, strich ihnen sanft über den Kopf und sagte: „Gut, daß ihr euer Versprechen gehalten habt, gut für die Zukunft und gut für euch.“
Lächelnd hatte das junge Mädchen die beiden Kinder betrachtet. Jetzt hielt es ihnen seine Hände entgegen: „Habt Dank für die Perlen, habt Dank für all eure

Mühe. Ich hoffe, daß sie nicht umsonst gewesen ist und daß ich nun für euch auch weiterhin eine gesunde Zukunft sein kann."
„Warum solltest du das nicht?" wunderte sich Tobias, „du hast doch jetzt deine Perlen wieder und eine neue Schicksalskette dazu".
„Es gibt immer noch, immer wieder Gefahren für die Zukunft", erklärte die Norne der Vergangenheit. „Noch leben die Habsuchtszwerge. Sie haben immer gelebt, und sie werden weiter leben. Nur darf ihre Macht nicht zu groß sein."
„Sollen wir gegen sie kämpfen? Sollen wir sie töten?" fragte Tobias.
„Gegen sie kämpfen, ja", antwortete die Norne, „aber töten kann man die Habsuchtszwerge nicht".
Tobias überlegte: „Dann sollen wir jetzt wohl sicher noch eine Reise mit unseren Gedankenpferdchen machen und gegen die Habsuchtszwerge kämpfen."
„Nein, das sollt ihr nicht" mischte sich der große Wicht ein. „Gegen die Habsuchtszwerge kämpfen sollt ihr nicht hier in der Welt der Gedanken, sondern in eurer Welt. Aber wie ihr das am besten macht, das können euch die Großmutter und der Pit erzählen."
Kathrin horchte auf: „Kennt ihr den Pit?"
„Ja, den kennen wir."
Also doch....!
Plötzlich erklang ein leises Wiehern. Die Gedankenpferdchen!
„Waren das tatsächlich unsere Gedankenpferdchen?" zweifelte Tobias, „die standen doch vorhin noch vor der Höhle.
„Sie sind euch nachgeflogen", antwortete der Wicht, „ihr müßt nun zurück".
„Und du, Schuschuhu, kommst du mit uns?" fragte Kathrin.
„Nein, ich bleibe vorerst hier. Erst wenn es Nacht geworden ist, fliege ich zurück", krächzte die Eule.
Etwas wehmütig, aber auch stolz verabschiedeten sich die Kinder von den Wurzelwichten, von der Norne der Vergangenheit und von der Zukunft, dem schönen jungen Mädchen, das nun die neue mit sieben Perlen verzierte Schicksalskette trug.
„Habt acht auf die Habsuchtszwerge", warnte die Norne der Vergangenheit beim Abschied.
„Wir werden gegen sie kämpfen", versprach Tobias.
„Tragt immer eine Perle der Liebe in eurem Herzen. Verliert sie nie", bat die schöne junge Zukunft die zwei Menschenkinder. Und wie sie so sprach, leuchtete in der Mitte der Schicksalskette die Perle der Liebe auf. Kathrin war fasziniert. Und leise, wie im Traum, sagte sie: „Mit der kämpfen wir gegen die Habsuchtszwerge."

Eigentlich hatte sie das unüberlegt vor sich hingeplappert. Doch plötzlich spürte Kathrin, daß sie da etwas ganz Wichtiges gesagt hatte. Auch die anderen spürten es. Die junge Zukunft lächelte das kleine Mädchen an: „Ja, kämpfe du immer mit der Perle der Liebe. Das ist eine gute, eine wichtige Aufgabe."
Wieder wieherten die Gedankenpferdchen. „Es ist Zeit für euch. Ihr müßt jetzt wirklich zurückfliegen", mahnte der große Wicht.
„Vergeßt uns nicht, vergeßt nicht die Wurzelwichte und das Wunderreich der Natur", baten die beiden kleinen Wichte.
Schweren Herzens trennten sich die Kinder von ihren Freunden. Fast ein wenig traurig stiegen sie auf ihre Gedankenpferdchen. Die trugen sie so schnell wie noch nie zum Kirschbaum zurück.

Das Gespräch

Großmutter kam den Kindern entgegen. „Heute nach dem Abendessen treffen wir uns in der Laube hinten im Garten“, flüsterte sie ihnen zu. „Heute Abend sprechen wir über die Zukunft und über eure Gedankenreisen. Nur wir vier.“
„Wieso vier?“ fragte Tobias.
Kathrin ahnte es: „Kommt Pit auch?“
„Ja, Pit kommt auch.“
Der Nachmittag dauerte lange, zu lange. Endlich war es Abend, das Abendessen vorbei. Kathrin und Tobias halfen noch schnell beim Abräumen, dann stürmten sie hinaus und zur Laube hinüber. Pit war schon da. Er hatte seine Gitarre mitgebracht. Kurz darauf kam auch Großmutter.
„Na, habt ihr nun die Perle der Weisheit gefunden?“ begann Pit das Gespräch.
„Klar“, antwortete Tobias, „und zwar mit der Perle der Liebe, ganz eigenartig war das“.
„Wieso gehören die Perle der Liebe und die Perle der Weisheit zusammen?“ wollte Kathrin wissen.
Großmutter überlegte: „Weil Liebe ohne Weisheit eine kalte Liebe ist, eine Liebe, die besitzen will. Und Weisheit ohne Liebe, das ist keine Weisheit, das ist nüchternes Wissen.“
Sie ergriff Kathrins Hand: „Ist noch ein wenig schwer für euch zu begreifen. Aber vielleicht werdet ihr euch später einmal an dieses Gespräch erinnern.“
Jetzt war es der junge Lehrer, der dem Gespräch eine Wendung gab. „Ihr habt in dieser Ferienzeit einige Gedankenreisen gemacht“, sagte er, „aber Gedankenreisen sind wie Träume, sind wie Märchen, da geht alles gut aus. Im Leben, in der Realität, ist das oft anders“.
„Das wissen wir doch“, erklärte Tobias etwas überlegen.
„Aber wißt ihr auch, daß die sieben Perlen, die ihr gefunden habt, dennoch in eurem Leben weiter eine Rolle spielen werden?“ fragte Pit; „Daß sie euch wie Bilder begleiten?“
„Das versteh’ ich nicht“, gestand Tobias.
„Die Perlen leuchten auf im Reich der Gedanken, je nach dem, was ihr denkt und tut“, versuchte Großmutter zu erläutern. Pit schmunzelte: „Jetzt wird’s noch schwieriger. Großmutter, ich glaube wir müssen das den beiden etwas anders erklären.
Also... na, wie sag’ ich’s euch... also wenn ihr in eurem Leben nur ans Geldverdienen denkt, ans Genießen... Wenn ihr wie die Habsuchtszwerge werdet und

keine anderen Gedanken habt, keine guten Gedanken, etwa, wie man unsere Mitwelt, unsere Umwelt erhalten kann, dann wird die erste Perle, die Perle der guten Gedanken, stumpf. Habt ihr aber viele gute Gedanken, dann leuchtet sie auf.“
Tobias griff sich an den Kopf: „Kapiert! Und wenn wir etwas Gutes tun, dann leuchtet die zweite Perle, die Perle des Tuns auf.“
„Ganz recht“, sagte die Großmutter, „und für die Perle der Hoffnung, die dritte Perle, sollten wir Menschen vertrauensvoll in die Zukunft schauen, die Hoffnung nie aufgeben und keine Angst haben.“
„Und die vierte Perle?“ Tobias überlegte... „Ach ja, das war die Perle der Freude. Für die sollen wir wohl immer fröhlich sein?“
„Hm“, machte die Großmutter, „sagen wir lieber, Freude haben, auch an den kleinen Dingen. Und ja nie mißmutig werden, sonst zieht uns das Leben in ein Mißmutmoor hinunter“.
„Und wie ist das mit der Perle der Phantasie?“ wollte Kathrin wissen.
„O diese fünfte Perle, die Perle der Phantasie, der Ideen und Träume, der Kunst, der Musen, der Musik und der Farben!“ Großmutter sah die Kinder eindringlich an: „Laßt sie niemals verkommen, diese Perle. Vergeßt sie nie. Sie kann euch in eine andere Welt führen, die euch Kraft gibt für das Leben hier. Auch die Reisen ins Reich der Gedanken gehören zu dieser Perle.“
„Gibt es überhaupt das Reich der Gedanken?“ fragte Tobias.
„Und ob es das gibt“, antwortete Pit. „Das Reich der Gedanken ist stärker, als wir ahnen. Alles, was du denkst, bleibt erhalten, geht ein ins Reich der Gedanken.“
„Und die Habsuchtszwerge, was ist mit denen?“ meldete sich Kathrin.
„Die Habsuchtszwerge, das sind all die kleinen habgierigen Kräfte in uns,“ erklärte der junge Lehrer. „Wir müssen sie bekämpfen, müssen gegen sie ankämpfen in uns. Wenn wir das nicht tun, zerstören wir die vielen guten Kräfte, die in uns liegen. Und die brauchen wir doch für die Zukunft, für eine gute, gesunde Zukunft.“
„Vor allem die sechste Perle brauchen wir, die Perle der Liebe“, ergänzte Großmutter.
„Und die siebte Perle?“ fragte Kathrin.
Großmutter lächelte: „Die Perle der Weisheit, die wird euch vielleicht einmal geschenkt, wenn ihr in mein Alter kommt, und wenn ihr die anderen sechs Perlen zum Leuchten gebracht habt.“
Kathrin hatte noch etwas auf dem Herzen: „Wir haben im Reich der Gedanken die junge Zukunft gesehen und die Norne der Vergangenheit, aber die Gegen-

wart hat sich nicht blicken lassen. Was soll das bedeuten?“
„Tja, das ist so eine Sache“, sagte die Großmutter, „das ist im Reich der Gedanken nicht anders als hier. Die junge Zukunft, das seid ihr, die Norne der Vergangenheit, das bin ich. Wir haben Zeit für einander, wie man sieht. Die Gegenwart, das sind eure Eltern, sind der Bauer und die Bäuerin. Sie schaffen und werkeln den ganzen Tag – außer im Urlaub – und abends sitzen sie meist vor dem Fernseher. So ist das eben.“.
Kathrin schaute die alte Frau an: „Du gleichst tatsächlich ein bißchen der Norne der Vergangenheit.“
Da mußten alle lachen.
Doch Pit wurde wieder ernst: „Ihr beiden, Kathrin und Tobias, ihr habt im Reich der Gedanken viele gute Taten vollbracht. Wollt ihr auch hier künftig so etwas tun?“
„Klar, wollen wir!“ riefen die Kinder, beide zugleich.
„Ihr wißt, wie die Natur zum Teil rücksichtslos kaputtgemacht wird. Helft mit, sie zu erhalten“, bat Pit.
Kathrin nickte: „Damit die Wurzelwichte, die Gnomen, die Elfen und die Nixen und die Tiere nicht sterben müssen.“
Der junge Lehrer freute sich: „Du hast's erfaßt, Kathrin.“
„Und was können wir tun?“ fragte Tobias.
„Wenn ihr jetzt wieder in die Stadt zurückgeht, dann versucht, eure Schulkameraden zu überzeugen, daß auch sie mithelfen müssen, wenn sie eine gute, eine gesunde Zukunft haben wollen.“
„Ist das alles?“
„Das ist schon viel, aber ihr könnt noch mehr tun. Geht zu einer Gruppe, die sich mit Naturschutz befaßt, und fragt, wo ihr selbst aktiv mithelfen könnt. Die haben immer Arbeit für junge Menschen.“
„Was zum Beispiel!“ wollte Tobias wissen.
„Zum Beispiel helfen bei der Bachsanierung.“
„Was ist das?“
Da erzählte Pit von dem Krebsbach hier ganz in der Nähe, den man einst begradigt und ausbetoniert hatte. „Das sieht gar nicht schön aus. Und Krebse gibt's natürlich auch nicht mehr in dem Betonbett. Jetzt wollen wir wieder ein lebendiges Bächlein daraus machen und am Rande wieder Erlen, Weiden und Eschen pflanzen. Im nächsten Jahr kommt eine Gruppe junger Leute, die uns dabei helfen.“
„Da mach' ich auch mit“, erklärte Tobias spontan.
„Es gibt noch viele solcher Hilfsmöglichkeiten“, sagte Pit, „Vogelnistkästen aufhängen, sich um Kröten und Fledermäuse kümmern...“

„Und um Eulen", meinte Kathrin.
„Ja, auch um Eulen. Es gäbe da viel zu tun. Ihr müßt euch nur erkundigen."
Jetzt meldete sich Großmutter wieder: „Aber auch im täglichen Leben gäbe es einiges, das ihr für die Natur, für die Umwelt tun könntet."
„Und das wäre?"
„Na, überlegt mal! Zum Beispiel nicht alle Lichter in der Wohnung brennen lassen, zum Einkaufen einen Korb mitnehmen, anstatt Plastiktüten zu sammeln."
Jetzt wurde Kathrin munter: „Und aufpassen, daß Mutti nicht zu viel Waschpulver nimmt und keine Flaschen kauft, wo so ein Gas drin ist, das heraussprüht."
„Treibgas heißt das", bedeutete Tobias der Schwester und ermahnte sie, künftig keinen Kaugummi mehr wegzuwerfen.
„Tu ich auch nicht mehr", erklärte Kathrin, „und du wirf' keine Blechdosen mehr weg und hetz' den Papa nicht auf, damit er auf der Autobahn immer schneller fährt".
„Na, seht ihr, euch fällt da schon einiges ein", lobte die Großmutter.
Inzwischen war es dunkel geworden. Viele Sterne standen am Himmel. Plötzlich fiel eine Sternschnuppe. „Daß die Zukunft gesund bleibt", das wünschten sie alle vier, die in der Laube saßen. Aber keiner sprach es aus. Soll man doch über Sternschnuppenwünsche nicht sprechen.
Jetzt schwebte ein großer Vogel lautlos über die Laube. Schuschuhu, die Eule, sandte ihren Freunden einen Gruß. Pit nahm die Gitarre, schlug ein paar Akkorde an und sang leise:

„Große Vögel lautlos kreisen,
Grillen zirpen ihre Weisen
und ein Stern vom Himmel fällt.
Blumen ihre Blüten falten.
Welch ein wundersames Walten
wirkt geheim in unserer Welt."

„Da guckt mal, die Wurzelwichte", rief Kathrin.
„Wo?" fragten die anderen.
„Dort unter dem Busch. Seht ihr sie denn nicht?"
„Nein", sagte Pit, „wir sehen sie nicht. Aber sie sind sicher da. Ich glaube, nur Kinder können sie sehen. Mögst du noch lange in dieser Welt leben, kleine Kathrin, in der Naturkräfte dir sichtbar sind."
Großmutter mahnte zum Aufbruch: „Wir sollten hineingehen und die Natur jetzt jenen kleinen Wesen überlassen, die für uns unsichtbar sind. Außerdem müssen Kathrin und Tobias morgen bald aufstehen und ihre sieben Sachen

packen. Ihr wollt ja morgen nach Hause fahren."
„Wollen nicht – müssen", murrte Tobias.
„Ihr kommt doch sicher nächstes Jahr wieder?" fragte Pit.
„Bestimmt", meinte Tobias, „und da helfen wir dann beim Bach-Bauen".
„Und besuchen die Wurzelwichte", erklärte Kathrin.
Der junge Lehrer verabschiedete sich. Großmutter und die Kinder gingen ins Haus.
„Schuhuh... Schuhuh..." ertönte da plötzlich eine Stimme durch die Nacht. Es war die Eule Schuschuhu. Sie hatte an diesem Abend das letzte Wort.

Der Schulaufsatz

Die Ferienzeit war zu Ende, die Kinder wieder in der Stadt. Tobias hatte bereits einige Freunde gefunden, die mithelfen wollten in einer Naturschutzgruppe. Und da gab es auch noch einen jungen Lehrer, das war so einer wie der Pit, dieser Lehrer. Als die Jungen ihm von ihren Plänen erzählten, war er gleich begeistert dabei. Er erkundigte sich, wo man beim Naturschutz Kinder gebrauchen konnte und beriet mit seinen Schülern, was wohl am nächsten zu tun sei. Tobias jedenfalls war zufrieden.

Und Kathrin? Die besuchte ab und zu den kleinen Daniel von nebenan. Er war inzwischen fast zwei Monate alt geworden. Und wenn sie allein war mit ihm, dann flüsterte sie ihm zu: „Du, Daniel, hab' keine Angst. Wir schaffen das schon mit der Zukunft. Der Tobias, du und ich und viele andere Kinder, wir schaffen es, wenn wir erst mal groß sind, vielleicht sogar schon früher."

Manchmal träumte Kathrin auch vor sich hin. Dann traf sie sich in Gedanken mit den Wurzelwichten und mit der Eule Schuschuhu. Dabei versank alles um sie herum, der Schreibtisch, der Stuhl, auf dem sie saß, ja das ganze Zimmer...

So wie jetzt wieder...

„Schuhuh... schuhuh...," machte es plötzlich hinter ihr. Kathrin schrak auf. Tobias hatte sich ins Zimmer geschlichen. In der Hand hielt er eine Eule aus Plüsch.

„Schuhuh.., da Kleine, die hab' ich für dich erstanden", rief er.

Kathrin sah den Bruder vorwurfsvoll an: „Hast du mich erschreckt!"

„Und die Eule? Gefällt sie dir gar nicht?"

„Doch, die gleicht sogar ein wenig der Eule Schuschuhu. Danke."

Tobias schaute auf das Aufsatzheft: „Sag mal, Kathrin, du hast ja noch kein einziges Wort geschrieben. Und dabei haben wir in diesen Ferien doch so viel erlebt."

„Das ist es ja", seufzte Kathrin, „das gibt keinen Aufsatz, das gibt ein ganzes Buch".

„Dann schreib' doch nur von Schuschuhu, und wie wir die Eule in der alten Scheune getroffen haben. Los, gib dich dran!" forderte Tobias die Schwester auf. Dann verließ er das Zimmer.

Kathrin nagte wieder an ihrem Füller und dachte nach. Schließlich schrieb sie: „Mein Bruder Tobias und ich saßen auf dem Heuboden der alten Scheune. Da kam ein furchtbares Gewitter." Ja, so konnte sie beginnen. Und jetzt, da sie den ersten Satz hatte, ging es mit dem Aufsatz doch recht flott vorwärts...

Diesen Aufsatz habe ich gelesen und war recht beeindruckt. Was können doch Kinder für wundersame Erlebnisse haben! Welch zauberhafte Traumwelt tut sich ihnen auf, wenn sie ihrer Phantasie freien Lauf lassen. Später hat mir Kathrin dann noch mehr erzählt von den Gedankenreisen, die sie in der Ferienzeit mit ihrem Bruder Tobias gemacht hatte. Dabei flogen wir zusammen noch einmal zu den Wurzelwichten, zum gläsernen Schloß der kranken Zukunft, und wir suchten und fanden gemeinsam wieder die sieben Perlen der Schicksalskette. Das alles habe ich dann aufgeschrieben. Und so entstand dieses Buch.
Daß da manchmal, während ich schrieb, ein Moorpuddel, ein Farbenmännchen oder sonst ein Wicht durchs Zimmer huschte, verwunderte mich eigentlich nicht. Sie kamen mit meinen Gedanken. Aber dann geschah doch noch etwas Merkwürdiges. Als ich am letzten Kapitel schrieb – es war schon Nacht, und wir verbrachten damals auch unsere Ferien auf dem Land – da wurde ich plötzlich aufgeschreckt durch ein lautes „Schuhuh... schuhuh..." Ein großer Vogel huschte am Haus vorbei. War es die Eule Schuschuhu? Das weiß ich nun wirklich nicht, und es ist mir bis heute ein Rätsel geblieben.

Band II
Der Zauberbrunnen

Kathrin und Tobias verbringen auch im darauffolgenden Jahr ihre Ferien auf dem Bauernhof. Zwei Freunde haben sich zu ihnen gesellt: die scheue Patricia, die so gerne Blockflöte spielt, und der kleine Italienerjunge Nino. Gemeinsam entdecken sie einen ausgetrockneten Brunnenschacht und erfahren von einer alten Frau, daß da drunten in einer geheimnisvollen Spiegelwelt die Geister der Freude gefangengehalten werden. Deshalb können sich die Menschen auch nicht mehr so richtig freuen. Sogleich sind die Kinder bereit, diese Geister zu befreien. Dabei geraten die Freunde in eine phantastische unterirdische Welt. Seltsame Dinge geschehen dort, Gefahren drohen, Prüfungen sind da zu bestehen, Widerstände zu überwinden. Aber da gibt es auch helfende Kräfte: der Zauberer Merlin und der freundliche Harlekin. Mit der Erdmuhme wandern die Kinder durchs Reich der Gnomen und Zwerge, zur Quellnixe und zu den Elfen, bis sie schließlich ihr Ziel erreichen. Dabei erfahren sie auch, wie die Freudengeister auf der Erde wirken und wo sie im Leben zu finden sind.

Band III
Das Geheimnis im Bannwald

Die vier Kinder vom „Zauberbrunnen", Kathrin, Tobias, Patricia und Nino, sind älter geworden. Sie haben ihre Probleme – jeder von ihnen wieder andere. Da sind die nächtlichen Angstträume von Nino. Patricia ist unglücklich, weil sie im Musikwettbewerb keinen Preis bekommen hat – trotz fleißigen Übens. Kathrin ist mit sich und der Welt nicht zufrieden. Und Tobias, der einmal Naturforscher werden möchte, hat nur noch seine „Versuche" im Kopf. Wieder taucht die alte Frau auf, die Märchenerzählerin, greift da und dort helfend ein. Ein Förster, „Papa Holzwurm", führt Tobias zum Bannwald. Dort erfährt der junge Forscher Geheimnisse aus einer anderen Welt. Wunderliche Dinge passieren da, wirken ins Leben der vier Kinder hinein.
Ein Buch, das für junge Leserinnen und Leser und deren Eltern nicht nur interessant, sondern auch hilfreich sein kann.

Obwohl es immer dieselben Kinder sind, deren Erlebnisse hier in Fortsetzungen erzählt werden, ist jedes der drei Bücher in sich abgeschlossen.
Ein Kritiker schrieb zu dieser Buchreihe: „Wegweisend für Kinder von acht bis achtzig."